Über den Autor

Detlef Bonner, B.A. wurde 1968 im Saarland geboren. Nach mehreren Jahren Managementerfahrung bei einem Global Player der Telekommunikation und einem führenden deutschen Mobilfunkprovider wechselte er 2008 in die Dentalbranche.

Der „Humeser Bub" studierte Europäische Betriebswirtschaftslehre an der ‚Europäischen Fernhochschule Hamburg', an welcher er 2012 in den akademischen Senat gewählt wurde.

Seine interkulturellen Kompetenzen vertiefte Detlef Bonner an der ‚International Business Academy' in Kolding (Dänemark).

„Enten legen ihre Eier in Stille. Hühner gackern dabei wie verrückt. Was ist die Folge? Alle Welt isst Hühnereier."
(Henry Ford)

Detlef Bonner

Telemarketing in der Praxis

Richtig handeln bei kulturellen und demografischen Diversitäten

www.tredition.de

Inhalt

Vorwort

Telemarketing in der Praxis – ein zweideutiger Titel für ein eindeutiges Thema.

Der Begriff ‚Praxis' (altgr. πρᾶξις prâxis, ‚Tat', ‚Handlung', ‚Verrichtung') lässt etwas Interpretationsspielraum offen. In diesem Buch ist er mit zwei Definitionen belegt:

Die Praxis als Umsetzung von Theorien: Viel wird besprochen und geplant, vieles findet dabei aber keine Berücksichtigung. So kommt es nicht selten vor, dass die besten Ideen und Vorhaben daran scheitern, dass das Tagesgeschäft – die Praxis – manche Dinge nicht zulässt bzw. die Korrektur von Abläufen erforderlich macht. Oft liegt dies darin begründet, dass von Anfang an nicht alle relevanten Punkte bedacht werden. Dieses Buch berücksichtigt zumindest die wichtigsten. Es bietet dem Leser einen Überblick über die Definitionen und Abhängigkeiten von Segmentierung und gesetzlichen Gegebenheiten. Die Berücksichtigung der kulturellen Herkunft des Kunden wird ebenso beleuchtet wie die Prozedere rund um das Personalmanagement.

Die Praxis als Ort der Umsetzung: Damit berührt das Buch eine besondere Klientel. Die Praxisinhaber, seien es Mediziner, Heilpraktiker oder auch Anwälte[1] und Laborinhaber haben oft einen engen Terminplan und sind somit ständig unter Termindruck. Da bleibt wenig Zeit für Telemarketing. Auch mit diesem speziellen Thema beschäftigt sich der Inhalt der Lektüre.
Sie ist allerdings nicht ausschließlich für diesen Kundenkreis entstanden, sondern kann problemlos für alle anderen Berufsgruppen adaptiert werden. Die Ausarbeitung hilft allen, die telefonische Kundenkontakte pflegen.

---

[1] Hier spricht man zwar von einer Kanzlei, der Anwalt praktiziert aber dort

Exemplarisch ist hier die Herausforderung an einen Hersteller von (Medizin-)Produkten dargestellt. Der Firmenname und die gegebenen Voraussetzungen sind jeweils fiktiv, jedoch durchaus realistisch in der Annahme:

Die Phama-Zieh GmbH hat bezüglich ‚Telemarketing' keinerlei Erfahrungen. Die Telemarketing-Branche hat zudem ein schlechtes Image. Die Einführung dieser neuen Maßnahme ist jedoch unumgänglich.

Unter diesen Annahmen ist dieses Fachbuch entstanden. Es zeigt, wie Telemarketing in einem Unternehmen erfolgreich eingeführt und dauerhaft etabliert werden kann.

Um diese Herausforderungen bei der Implementierung zu bewältigen, werden verschiedene Methoden der Marktforschung eingesetzt. In der Gesundheitsbranche gelten besondere Maßstäbe. Gesetzliche Regelungen stecken die Rahmenbedingungen ab. Darüber hinaus müssen geschlechterspezifische und demographische Aspekte beachtet werden. Nicht zu vernachlässigen sind die kulturellen Faktoren. Hier ist eine ausgeprägte Sensibilität für Andersartigkeit gefragt.

Telemarketing ist abhängig vom Kunden-Segment. Die Maßnahmen reichen vom „Willkommensanruf" bis hin zur Kontaktaufnahme zur „Kundenrückgewinnung".

Zur Abfederung von Risiken und zur Erhöhung der Chancen gilt es Strategien aus der Stärken-Schwächen-Analyse abzuleiten.

Letztendlich sind es aber die richtigen Mitarbeiter, die den Erfolg des Unternehmens erst möglich machen. Diese müssen für Telemarketing gewonnen und begeistert werden.

Durch all diese Maßnahmen können auch die Kunden begeistert werden. Wichtig ist es, stets beim Kunden präsent zu sein – ohne diese zu überfrachten.

Detlef Bonner
Eppelborn, im Dezember 2012

Kontakt zum Autor: „Autor-Bonner@gmx.eu"

„Wichtig ist, dass man nicht aufhört zu fragen".
(Albert Einstein)

1. Einleitung

1.1. Historie des Telemarketings

Die Vermarktung von Produkten hat in den letzten Jahren einen Paradigmenwechsel erlebt. Bis zur ersten Ausstrahlung einer Radiosendung am 24. Dezember 1906 war die Zeitung das einzige verteilbare Marketing-Medium. Mit diesem war bereits die Verbreitung von Werbung in die Fläche möglich. Die dritte Möglichkeit bot sich den Marketing-Spezialisten ab Anfang der dreißiger Jahre durch die ersten Fernsehgeräte. Man konnte nun drei Varianten von Werbung einsetzen bzw. miteinander kombinieren. Schriftliche, akustische und optische Einflüsse wurden auf den Konsumenten zugeschnitten. Dies ist auch bis heute so geblieben. Allerdings haben sich noch zwei weitere Werbekanäle ergeben:

Die erste telefonische Verbindung wird bereits auf das Jahr 1861 datiert. Trotz des großen Nutzens dieser Erfindung[2] begann ihr Siegeszug erst in den siebziger Jahren des neunzehnten Jahrhunderts. Entsprechend spät wurde sie als Werkzeug für Werbemaßnahmen eingesetzt. Ähnliches erlebten wir dann mit der Penetration des Internets in den Haushalten. Telefon und Internet machten Telemarketing erst möglich. Eine neue Branche ist entstanden.

---

[2] Philipp Reis (1834–1874) gilt als Erfinder des Telefons.

1.2. Herausforderungen unserer Zeit

Viele technische Änderungen und gesetzliche Auflagen haben die Branche mit der Zeit verändert. Die Kunden fühlen sich zum Teil durch die hohe Frequenz der Anrufe belästigt. Rechtlich und moralisch fragwürdige Abschlüsse von Verträgen bestimmten lange Zeit die Schlagzeilen. Unüberlegte Handlungen und schlecht geschulte Mitarbeiter bilden keine gute Grundlage für eine erfolgreiche telefonische Kundenbetreuung.[3]

Zudem wird es immer schwieriger, die geeigneten Mitarbeiter zu finden. Deren Vorgehen und Belastbarkeit ist essenziell für den Erfolg des Unternehmens. Auch die Telemarketing-Aktionen müssen professionell geplant sein. Ansonsten besteht die Gefahr, die Kunden zu vergraulen. Das Hauptziel ist es, weiterhin zufriedene Kunden zu haben, trotz – oder gerade durch Telemarketing.

1.3. Warum das Ganze?

Die Phama-Zieh GmbH[4], ist seit ihrer Gründung im Jahre 1998 stetig gewachsen. Die Mitarbeiterzahl wurde der steigenden Kundenzahl angepasst. Um wettbewerbsfähig zu bleiben, gab es immer wieder Umstrukturierungen und Prozessoptimierungen. Aktuell steht wieder eine solche an: Die Geschäftsleitung hat beschlossen, ein strategisches *Key-Account-Management*[5] (KAM) einzuführen. Ziel ist es, ca. 200 Top- und Wettbewerbskunden intensiver zu betreuen, was einen hohen Zeitaufwand bedeutet. Zu diesem Zweck wird kein neues Personal rekrutiert.

---

[3] Vgl. „http://www.telemarketing-blog.de/allgemein/ist-der-ruf-erst-ruiniert/2011/01/12/"

[4] Phantasie-Unternehmen, welches für die komplette Gesundheits-Branche stehen kann

[5] Besondere Betreuung der wichtigsten Kunden und Meinungsbildner

Folglich können nicht mehr alle Kundengruppen persönlich besucht werden. Stattdessen kommt an dieser Stelle Telemarketing zum Einsatz. Das Unternehmen hat bisher noch keine entsprechenden Erfahrungswerte. Es besteht daher ein hohes Fehlerpotential.

Jeder Kunde möchte, je nach Kulturkreis oder Geschlecht, individuell behandelt werden. Zudem müssen die Telemarketing-Maßnahmen wirtschaftlich sinnvoll sein. Der Sales-Manager (SM) im Außendienst kann nicht bei allen Kunden gleichermaßen Präsenz zeigen.

Das Buch zeigt auf, welche Rahmenbedingungen geschaffen werden müssen, um erfolgreiches Telemarketing im Unternehmen zu implementieren.

1.4. Der Weg nach Rom

Meine Recherchen beschäftigen sich mit den Themen „aktive Telefonwerbung" und „Kundenbetreuung über das Telefon". Beide Aktivitäten habe ich zusammen mit dem Thema „Online-Marketing" unter dem Begriff „Telemarketing" zusammengefasst.

Der Schwerpunkt liegt hierbei auf der *Business-to-Business*[6] (B2B)-Beziehung. Der Grund dafür ist die Tatsache, dass Hersteller von Medizinprodukten nicht direkt an Patienten ausliefern dürfen. Dabei liegt das Augenmerk auf einer besonderen Klientel: Unsere Kunden[7] sind in der Dentalbranche tätig. Hier sind die Sparten „Ärzte[8]" und „Labore" zu unterscheiden. Die Ausarbeitung ist auf die Betreuung dieser Kundengruppe ausgelegt.

---

[6] Geschäftsbeziehung zwischen Geschäftsleuten oder Firmen

[7] Die Begriffe „Kunde" und „Geschäftspartner" werden synonym verwendet.

[8] „Ärzte" beinhaltet: Zahnärzte, Oralchirurgen, Mund-Kiefer-Gesichtschirurgen.

Die Geschäftsverbindung zum Endkunden[9] wird ebenfalls in einigen Punkten angesprochen, jedoch nicht intensiviert. Ich beziehe mich in vielen Belangen auf die Phama-Zieh GmbH. Dabei arbeite ich mit fiktivem Zahlenmaterial.

Nach den Thesen des niederländischen Kulturforschers Geert Hofstede finden die kulturellen Besonderheiten unserer deutschen Kunden mit Migrationshintergrund Berücksichtigung.

Auf Grundlage der deutschen Gesetzesgrundlagen werden die juristischen Rahmenbedingungen aufgezeigt sowie auch die möglichen Auswirkungen auf den Markt und im Unternehmen erörtert. Weiter beschäftigt sich ein Teil der Ausarbeitung mit der Rekrutierung des optimalen Mitarbeiters für dieses Projekt. Für Telemarketing-Aktivitäten darf Personal aufgestockt werden.

Meine Aussagen beruhen auf Elementen der primären und sekundären Marktforschung.

1.5. Marktforschung

Die primäre Marktforschung kann auch als Informationssammlung aus erster Hand bezeichnet werden. Es werden Daten zusammengetragen, die bisher nicht ermittelt wurden. Dazu werden z.B. maßgeschneiderte Fragen generiert und in aktuellen Umfragen eingesetzt. Diese Art der Marktforschung kostet in der Regel viel Zeit und Geld. Bei der sekundären Marktforschung werden bereits existierende Daten aufbereitet. Dies hat den Nachteil, dass die Daten eventuell verallgemeinert und nicht ganz aktuell sind (vgl. Hollensen, 2010, S. 596 - 7).

In der Regel kann die sekundäre Marktforschung nicht alle Faktoren liefern, die zur Ergebnisfindung benötigt werden. Viele Daten wurden bisher noch nie erhoben und sind deshalb nicht

---

[9] Der Begriff „Endkunde" steht auch für den Begriff „Endverbraucher".

recherchierbar. Es lässt sich aber bereits eine Basis bilden, auf der die primäre Marktforschung aufbauen kann. Allerdings können deren Ergebnisse wiederum verfälscht sein. Es sind Fehler bei der Erfassung möglich und ebenso Falschangaben, z.B. durch die Befragten, nicht ausgeschlossen. Nach Möglichkeit sollte eine Plausibilitätskontrolle zwischen primären und sekundären Ergebnissen durchgeführt werden. Daher sind, wann immer möglich, beide Arten der Marktforschung einzusetzen, zum einen zur Kontrolle, zum anderen zur Ergänzung der Ergebnisse.

Folgende Werkzeuge werden bei meiner Ausarbeitung eingesetzt:

<u>Primäre Marktforschung:</u>

- Web-basierte Studie[10] mit folgendem Adressatenkreis:
  - ➢ Eigener Bekanntenkreis.
  - ➢ Zufällige Teilnehmer durch Streuung über die Plattformen Xing und Twitter.

- Unterstützung aus dem Kollegenkreis:
  - ➢ Workshop mit Mitarbeitern zur Erarbeitung einer SWOT-Analyse.
  - ➢ Geschlechts- und spartenspezifische Ermittlung unserer Kunden.

- Interviews mit
  - ➢ einem Spezialisten für Unternehmens- und Personalentwicklung ist.

---

[10] http://app.lamapoll.de/Dialogmarketing/ vom 27.07.2012 bis 30.08.2012, Teilnehmer: 171 n = 43; Ziel: Aufschluss über „Telemarketing aus Kunden- und Mitarbeitersicht" und personelle Themen

> einer Stimm- und Sprachtrainerin, da erfolgreiches Telemarketing auch von der Phonetik und Rhetorik abhängt.
> einem Personalentscheider und -rekrutierer aus der Tele-	marketing-Branche, um die Fähigkeiten des optimalen Kandidaten zu erörtern.

<u>Sekundäre Marktforschung:</u>

Durch Recherche in haptischer Literatur und relevanten Internet-Quellen.

Praxistipp 1:

Bitte überlegen Sie sich ganz genau, ob Telemarketing in Ihrem Unternehmen sinnvoll ist und auch Ihrer Unternehmenspolitik entspricht. In dem hier geschilderten Fall wird Telemarketing notwendig, da es aufgrund einer Prozessänderung zu einer Verlagerung der Betreuungsintensivität der Kunden kommt. Man kann hier von Telemarketing als Abfallprodukt sprechen. Als notwendiges Übel, damit die künstlich geschaffene Schieflage einigermaßen ausgeglichen werden kann.

Dieses Marketing-Instrument einzuführen, weil es alle anderen auch nutzen, kann sich schnell zum Bumerang entwickeln. Kunden fühlen sich überrumpelt und erkennen ihr Unternehmen nicht wieder – ein Imageschaden ist dann nur schwer zu beheben. Oft wird unüberlegt viel Geld investiert und Prozesse werden ‚mit heißer Nadel gestrickt'. Auch hier gilt: Gut Ding will Weile haben.

Marktforschung kostet in jedem Fall Geld. Die Einbindung fremder Kulturen in die Prozesslandschaft ist für viele noch absolutes Neuland, wird aber angesichts unserer stetig steigenden Internationalisierung immer notwendiger.

Notizen zum Kapitel:

2. Was ist was?

2.1. Marketing

„*D*er Grundgedanke des Marketings ist die konsequen-
te Ausrichtung des gesamten Unternehmens an den
Bedürfnissen des Marktes.... Marketing stellt somit
eine unternehmerische Denkhaltung dar.*" [11]

Dabei wechselt die Marktmacht immer mehr vom Anbieter zum Nachfrager. Längst ist es der Kunde, der den Markt bestimmt. Er entscheidet, welches Produkt sich auf dem Markt durchsetzt. Die Unternehmen sind hier aber nicht ganz machtlos. Sie können die Kunden durch geschickte Marketingplanung beeinflussen und loyal machen. Loyale Kunden sind gekennzeichnet durch:

- freiwillige Treue
- emotionale, anhaltende Bindung zum Unternehmen oder zum Produkt
- leidenschaftliche Propaganda.

In ihrem Buch „Kunden auf der Flucht" teilt die Autorin Anne M. Schüller die Kunden in sechs Segmente ein (Schüller, 2008, S. 20):

---

[11] http://wirtschaftslexikon.gabler.de; Definition Marketing

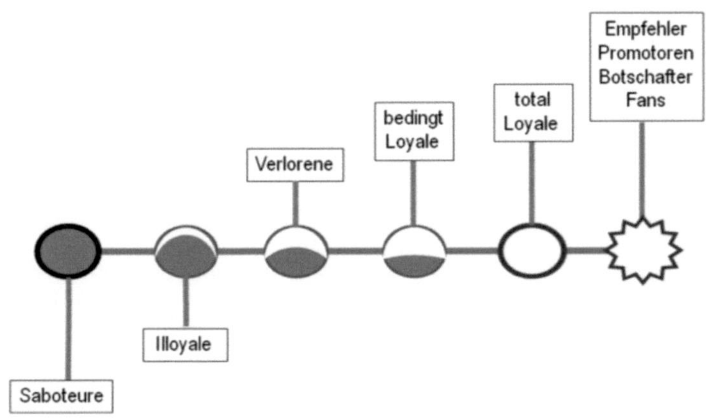

Abbildung 2-1: Die sechs Kunden-Segmente nach Schüller

Die Saboteure und illoyalen Kunden werden durch Telemarketing-Maßnahmen kaum gewonnen werden können. So werden sich die Aktivitäten auf die restlichen vier Gruppen aus Abbildung 2-1 beschränken.

2.2. Direktmarketing

Die Devise des Direktmarketings lautet: Weg von der Massenwerbung, hin zum zugeschnittenen Angebot. Dabei ist es wichtig, den Kunden zu kennen, soweit dies möglich ist. An Alter und Geschlecht kann man bestimmte Vorlieben festmachen. Wir betrachten einen jungen Mann, 23 Jahre alt, Single und in einem festen Arbeitsverhältnis. Spekulativ ist davon auszugehen, dass ihm ein Smart-Phone leichter zu verkaufen ist als der komplette Band des Brockhaus. Eine 18-jährige junge Frau ist eher für einen Kleinwagen zu begeistern als für Anti-Faltencreme.

Direktmarketing ist nicht grundsätzlich mit Telemarketing in Verbindung zu bringen. Selbstverständlich kann sie ein Teil davon sein. Die individuelle Kundenansprache lässt sich aber auch über die klassische Postwerbung umsetzen.

Eine kostspielige Angelegenheit ist Direktmarketing allemal. Es muss viel Zeit und Geld in die Marktforschung investiert werden. Institute wie die GfK-Gruppe[12] übernehmen diese Aufgaben.

„So liefert die GfK in über 100 Ländern das Wissen, das Unternehmen benötigen, um die für sie wichtigsten Menschen zu verstehen: ihre Kunden" (www.gfk.com).

2.3. Dialogmarketing

Wie der Name schon verrät, ist es das erklärte Ziel des Dialogmarketings, mit dem Kunden in ein Zwiegespräch zu kommen. Beim Kundenkontakt entsteht ein direkter Rückkopplungscharakter. Dabei sind das Portfolio und die angewandten Medien vielfältig.

Das Thema des aktiven Dialogmarketings wird in der Folge näher beleuchtet:

Der werbende Anrufer kann innerhalb der Konversation direkt auf Kundeneinwände reagieren und Gegenargumente finden. Der Kunde fühlt sich erst genommen, wenn seine Fragen und Einwände direkt bearbeitet werden. So gesehen erzeugt Dialogmarketing eine „Win-Win-Situation".

Allerdings müssen die Maßnahmen wohl dosiert sein. Der Kunde darf sich nicht durch zu häufige Anrufe belästigt fühlen. Zudem spürt er sofort, wenn ungeschultes Personal anruft. Entsprechend fühlt sich der Kunde geneppt und wird kein Geschäft abschließen wollen.

---

[12] GfK: Gesellschaft für Konsumforschung, Firmensitz in Nürnberg

Die Agenturen, welche die Anrufe auf Dialogbasis durchführen, müssen reagieren. Schulungen, technische Neuerungen und ständige Akquisition treiben die Kosten in die Höhe. Die Branche hat in den letzten Jahren einiges investiert:

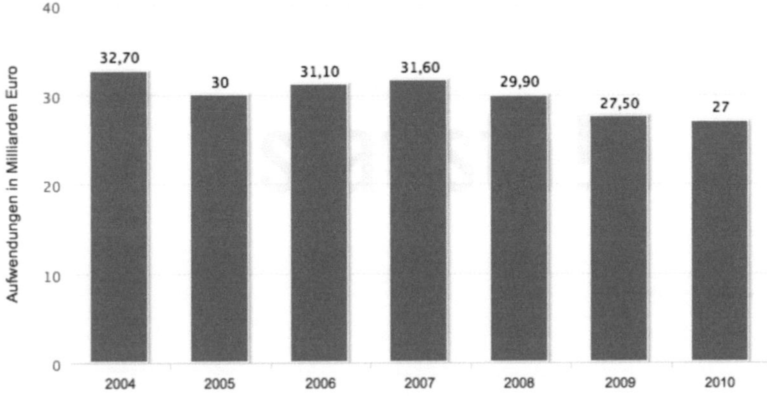

Abbildung 2-2: Werbeaufwendungen im Dialogmarketing in Deutschland von 2004 bis 2010 (in Milliarden Euro)[13]

Die Aufwände sind innerhalb von sieben Jahren insgesamt zurückgegangen, allerdings nicht signifikant.

---

[13] Deutsche Post; Dialogmarketing Deutschland 2011, Seite 36; Juni 2010

2.4. Telemarketing

Sinngemäß versteht man hierunter das Marketing aus der Distanz. Das Präfix „Tele" kommt aus der griechischen Sprache und bedeutet „fern" oder „weit". So gesehen sind auch Radio- und Fernsehwerbung als Telemarketing zu verstehen. In unserem Sprachgebrauch beschränkt man sich allerdings auf die Medien Telefon und Internet.

Das Unternehmen „GfK"[14] hat in seinem Sektor „*Custom Research*"[15] vom 07. Dezember 2009 bis 28. Januar 2010 insgesamt 233 Marketing-Entscheidungsträger der deutschen Wirtschaft nach der Entwicklung ihrer Telemarketing-Aktivitäten befragt. Diese war in den letzten Jahren rückläufig:

2009	2007	2005	2003
24%	29,80%	34,70%	39,20%

Abbildung 2-3: Einsatz von Telemarketing als Werbeträger[16]

Sicherlich spielen bei diesem Trend die gesetzlichen Regelungen eine entscheidende Rolle. Den Unternehmen wird es zusehends schwerer gemacht, diese Art der Werbung zu platzieren.

2.5. Online-Marketing

„Der Terminus ‚Online Marketing' bezeichnet im Grunde genommen nichts anderes als die Übertragung des traditionellen Marketings auf ein neues Medium; und zwar das Internet."
(Kollmann, 2007, S. 13).

---

[14] GfK: „Gesellschaft für Konsumforschung"; Firmensitz in Nürnberg
[15] Custom Research = Kundenforschung
[16] Vgl. Statisa; Umfrage „Verwendung ausgewählter Werbeformen in Unternehmen in Deutschland"

Hier bieten sich mehrere Arten von Kommunikationsmöglichkeiten: zum einen über die eigene Firmenhomepage. Diese erreicht allerdings in der Regel nur Bestandskunden, bzw. Menschen, die diese Seite versehentlich aufrufen. Forcieren kann man die *Click-Through-Rate*[17], indem eine Verlinkung über Partnerseiten oder Suchmaschinen realisiert wird. Auch Newsletter tragen ihren Teil zum Erfolg der Strategie bei, vorausgesetzt sie sind ansprechend umgesetzt.

Nicht mehr zu vernachlässigen sind die Aktivitäten über Social Media. Die Gründe für deren Einsatz sind vielfältig:

Wie wichtig sind für Ihr Unternehmen die folgenden
Gründe für Ihre Sozial Media Aktivitäten?

Steigerung der Bekanntheit	85,00 %
Verbesserung des Images	81,50 %
Neue Zielgruppe erschließen	74,00 %
Stärkere Kundenbindung	72,40 %
Krisenkommunikation	60,20 %
Beeinflussung der Themenagenda	57,60 %
Steigerung des Absatzes	39,80 %
Man muss da derzeit einfach dabei sein	34,90 %

Abbildung 2-4: Gründe für Social-Media-Aktivitäten[18]

Ein Blick auf die Fakten bezüglich der Sozialen Medien verrät, dass hierüber eine breite Kundenmasse erreicht werden kann. Immerhin sind 96 % der „*Generation Y*"[19] Mitglied in entspre-

---

[17] Kurz: CTR; auch: Klickrate
[18] Statisa; Umfrage „Gründe für die Nutzung von Social Media durch Unternehmen"
[19] Geburtenjahrgänge nach 1980

chenden Netzwerken. Zwei Drittel von ihnen loggen sich dabei mindestens einmal täglich ein. 93 % der Nutzer sind der Meinung, dass Firmen ebenfalls Mitglied in Sozialen Netzwerken sein sollten. Die *„Genrationen X"*[20] und *„Y"* bezeichnen schon heute die E-Mail als Relikt der Vergangenheit (Holzapfel, 2010, S. 12).

Das Thema „Online-Marketing" wird in Kapitel 6.1 näher beleuchtet.

2.6. Gender-Marketing

Eine Auswertung von Anrufen bei Dentalunternehmen[21] ergab, dass nahezu 54 % der anrufenden Kunden weiblichen Geschlechts sind. Hier zeigt sich ein deutlicher Unterschied zwischen den Sparten: Nehmen Praxen mit den Unternehmen Kontakt auf, sind die Anrufer zu 66,91 % weiblich. Melden sich hingegen Labore, liegt der Frauenanteil bei nur 31,59 %. Diese Anrufer sind jedoch nicht unbedingt die Kauf-Entscheider. Sie bestimmen aber letztendlich, ob der Telemarketing-Mitarbeiter zum Praxisinhaber durchgestellt wird, oder nicht. Somit nehmen sie doch eine Entscheider-Rolle ein. Dies ist ein sehr wichtiger Aspekt, der sowohl im B2C-, als auch im B2B-Geschäft zu berücksichtigen ist - werden doch 79 % aller Kaufentscheidungen von Frauen getroffen oder zumindest stark beeinflusst (vgl. Jaffé, 2005, S. 103). Die Gesellschaft für Konsumforschung führt nach eigenen Angaben keine geschlechterspezifischen Auswertungen durch. Daher ist eine eigene Erhebung unabdingbar. Es ist also sehr wichtig, im Vorfeld zu wissen, wer beim Kunden die Kaufentscheidungen trifft. Unsere Produktpalette kann nicht ohne Aufwand auf männliche oder weibliche Kunden angepasst werden. Die Gesprächsführung ist aber individualisierbar.

---

[20] Geburtenjahrgänge der 60er und 70er Jahre
[21] Detailansicht im Anhang 11.1

Weibliche Kunden lassen sich eher durch den Nutzen des Produktes überzeugen. Sie wollen erfahren, über welche unterschiedlichen Funktionen es verfügt und welche Vorteile es bringt.

In einer Umfrage der Unternehmensberatung Roland Berger[22] stimmten 91 Prozent der befragten Frauen folgender Aussage zu:

„Die verschiedenen Instrumente müssen auf Anhieb gut zu bedienen sein ... Die Dinge, die für Frauen interessant sind, haben meistens eines gemeinsam: Sie erfüllen ihren ursprünglichen Zweck auf wünschenswerte Weise, nicht mehr und nicht weniger"
(Jaffé, 2005, S. 257f).

Beim Kundengespräch mit Frauen ist es also weniger relevant, auf den Preis oder die verschiedenen Variationen eines Produktes einzugehen. Sie kaufen den „Sinn und Zweck".

Männliche Kunden möchten beim Kauf eines Produktes zwar auch einen Nutzen erreichen. Dieser liegt aber eher in typisch maskulinen Attributen wie Macht, Stolz und Status. Dieser Klientel muss also im Gespräch deutlich gemacht werden, dass sie alleine durch den Besitz des Produktes Anerkennung erlangt.

---

[22] Roland Berger Market Research, Firmensitz in München

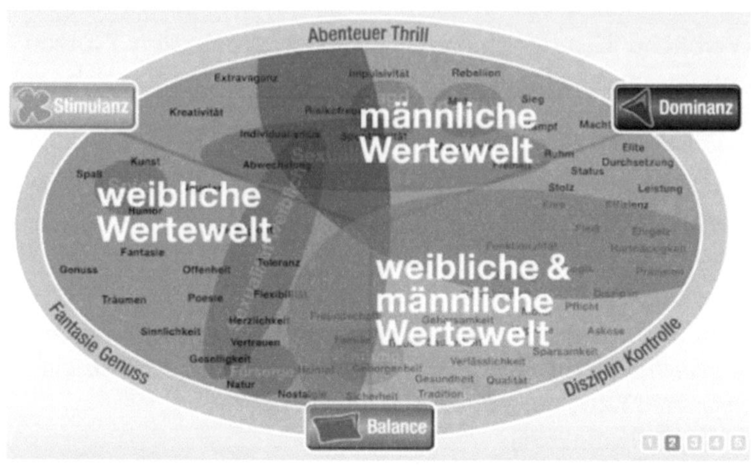

Abbildung 2-5: Kaufentscheidung von Mann und Frau[23]

Praxistipp 2:

Lassen Sie sich nicht durch die Vielzahl der Definitionen irritieren. Je mehr Sie diese recherchieren, sei es in der Literatur oder im Internet, desto mehr differierende Erklärungen werden Sie für die Marketing-Begriffe finden. Wichtig ist, dass Sie, sollten Sie sich für einen Weg entschieden haben, diesen aus reiner Kundenorientierung beibehalten und nicht ständig ändern. Die Kunden wünschen sich von ihrem Geschäftspartner ein Stück Kontinuität. Sie wollen wissen, woran sie mit Ihnen sind und nicht ständig überlegen, was Sie nun wieder mit ihm - dem Kunden - vorhaben.

Denken Sie auch an Ihre Mitarbeiter. Auch diese benötigen Sicherheit, um den Aufgabenbereich professionell umzusetzen und mit der notwendigen Authentizität dem Kunden gegenüberzutreten.

---

[23] www.nymphenburg.de

Notizen zum Kapitel:

3. Kundenbeziehungen

*„I*n einem unkalkulierbaren Markt wird auch der Kunde immer schwieriger. Er ist wehrhaft, er lässt sich nicht mehr alles gefallen. Er will wissen, was in seinen Nahrungsmitteln enthalten ist, ist sensibel und mittlerweile erfahren und, vor allem, schon sehr oft betrogen worden. Er glaubt fast nichts mehr und weiß im Grunde alles besser. Versprechungen haben für ihn keine Bedeutung mehr. Er ist sprunghaft, rücksichtslos, verhandlungsstark und ausgebufft. Das ist seine harte Schale nach außen. Nach innen sieht es ganz anders aus. Dort ist er unsicher, auf der Suche nach Sinn und Orientierung."*

(Geffroy, 2005, S. 53).

Was der Autor damit ausdrücken will, ist die Tatsache, dass der Kunde von heute kritisch geworden ist. Er ist nicht mehr leichtgläubig und naiv. Dies kann mehrere Gründe haben.

Durch die Medien kann sich der Kunde selbst aufklären. Einen großen Beitrag leistet hier das Internet. Immerhin sind in Deutschland 27,3 Millionen festnetzgebundene Breitbandanschlüsse installiert[24] (Stand: Q_2/2012). Aber auch die vielen Aufklärungssendungen und Reportagen haben die Menschen hellhörig gemacht. Hinzu kommt sicherlich auch der Erfahrungswert. Es ist davon auszugehen, dass schon jeder in seinem Leben „Lehrgeld" gezahlt hat, sei es für schlechte Produkte oder für verschiedene Knebelverträge.

---

[24] http://www.dslweb.de/dsl-marktuebersicht.php

3.1. Business-to-Customer

Der Begriff *Business-to-Customer* (B2C) bezeichnet die Geschäftsbeziehung zwischen einer Firma und dem Endkunden. In aller Regel kann der Endverbraucher nicht direkt beim Hersteller als Kunde auftreten. Der zentrale Grund besteht darin, dass sich ein Hersteller den Direktvertrieb nicht leisten kann. Es müssten eigens dazu Mitarbeiter rekrutiert werden. Ebenso sind ein Vertriebsnetz und ein Kundenstamm aufzubauen. Distributor oder *Wholesaler*[25] haben diese Vorarbeit schon geleistet. Sie können meist auf bereits vorhandene Kundenstämme zurückgreifen und haben auch eine entsprechende Infrastruktur.

3.2. Business-to-Business

In der *Business-to-Business*-Kundenbeziehung treten Geschäftsleute als Handelspartner auf. Der Verbraucher, also der Endkunde, spielt bei dieser Betrachtung keine Rolle. Vielmehr ist hier von den Beziehungen aller vorgelagerten Stellen untereinander die Rede. Hersteller, *Wholesaler*, Distributoren und der sogenannte *Point of Sale* (POS)[26] sind die Partner, die miteinander kooperieren. Es ist nicht zwingend erforderlich, dass jede der Parteien involviert ist. In einigen Fällen wird ohne *Wholesaler* oder Distributoren gearbeitet. Immer beteiligt sind jedoch der Hersteller und der POS.

---

[25] Wholesaler = Großhändler
[26] Point of Sale: Punkt, an dem der Endverbraucher einkauft (Ladenlokal, Markt, Gasthaus,
Internet, ...)

3.3. Kundensegmente

„Kundensegmentierung bedeutet, aus der Gesamtheit (potenzieller) Kunden homogene Gruppen zu identifizieren, bei denen die Individuen innerhalb einer Gruppe das gleiche Kaufverhalten zeigen, die Gruppen selbst aber ein sehr unterschiedliches Kaufverhalten haben.

Ziel dabei ist, Kunden effektiver und effizienter anzusprechen und zu betreuen und sie gemäß ihren Bedürfnissen und ihres Kundenwertes zu behandeln. Dabei muss klar sein, aufgrund welcher Variablen ein Kunde einem bestimmten Segment zugeordnet wird (Klassifizierbarkeit der Kunden).“[27]

3.3.1. Segmentabhängigkeit

Telemarketing verfolgt nicht nur den Sinn, die Kunden kostengünstig zu erreichen. Natürlich ist dies das Primärziel und die breite Masse kann so bedient werden; hier muss aber betrachtet werden, welchen Wert diese Kundenmasse hat. Wir wenden uns dem Pareto[28]-Prinzip zu. Das Prinzip beschreibt, dass mit 20 % Aufwand 80 % des Erfolges eintritt. Dies bedeutet, dass wir folglich mit $\frac{1}{5}$ der Kunden $\frac{4}{5}$ des Umsatzes erwirtschaften. So wird der Effekt deutlich, den wir durch Telemarketing erreichen müssen: einen wirtschaftlich sinnvollen Einsatz der Humankapazität. Diesen erreichen wir, wenn wir bis zu 80 % unserer Kunden über Telemarketing betreuen. Bei nicht weniger als 20 % soll die persönliche Betreuung aufrechterhalten werden. Teure Außendienst-Termine sind also denjenigen Kunden vorbehalten, von welchen der *Return of Invest*[29] (ROI) nachhaltig

---

[27] www.business-wissen.de;Vorgehensweise bei der Kundensegmentierung

[28] Benannt nach dem Begründer der Theorie, Vilfredo Pareto, Italiener, Nationalökonom, Soziologe (1848-1923)

[29] Wörtlich: Rückkehr der Investition, also Erreichen der Gewinnschwelle

zu erwarten ist, und zwar in einer akzeptablen Zeit. Telemarketing ist also segmentabhängig.

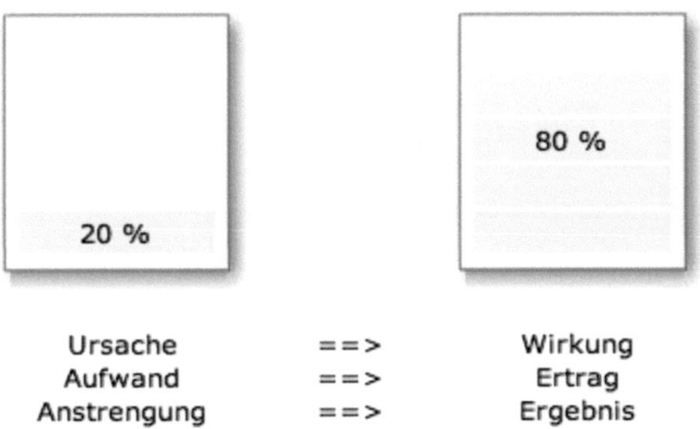

Abbildung 3-1: Das Pareto-Prinzip - die 80/20-Regel[30]

3.3.2. Segmentierung

Zur Kundensegmentierung gibt es verschiedene Ansätze. In vielen Branchen werden die Kunden in A-, B-, und C-Kunden aufgeteilt, absteigend nach Umsatz und weiteren Gesichtspunkten. Als ergänzendes Segment wird oft eine Premier-Klientel erfasst: die sogenannten *Key*-Kunden, welche über ein KAM besondere Betreuung erfahren. Dieses Kunden-Quartett kann für den Aufbau von Telemarketing-Aktivitäten ausreichen. Der Einsatz bei nur vier Kundengruppen schränkt jedoch die Flexibilität ein. Ein dynamisches Vorgehen ist dadurch sehr schwierig bis unmöglich. Professionelles Telemarketing verlangt eine tiefergreifende Segmentierung.

---

[30] www.powschl.net; Pareto-Prinzip

„In der Literatur werden üblicherweise folgende Kriterien genannt:
- *Sozio-demographische Kriterien (Alter, Geschlecht, Einkommen, Wohnort etc.)*
- *Psychographische Kriterien (Einstellungen und Werte)*
- *Verhaltenskriterien (Mediennutzung, Kauf und Gebrauchsverhalten)*
- *Nutzenkriterien (Nutzenerwartung, Kaufmotive)."*

(Jenner, 2003, S. 71)

Im Idealfall sollte eine Kombination mehrerer Segmentierungsparameter erfolgen. Das Beispiel einer Segmentierung aus der Telekommunikationsindustrie zeigt, wie dies umgesetzt werden kann:

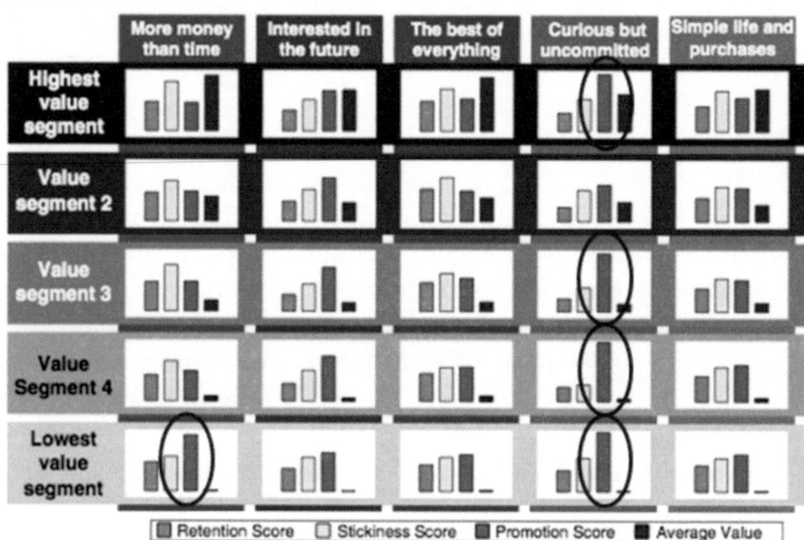

Abbildung 3-2: Kombination aus Segmentierung nach Kundenverhalten und Kundenwert[31]

---

[31] EBSCO-Literatursuche; Database Marketing & Customer Strategy Management

Hier wird deutlich, bei welchen Kunden Telemarketing erfolgversprechend eingesetzt werden kann. Der *Promotion-Score*[32] ist bei fünf Kundengruppen sehr hoch (eingekreist), zunächst bei fast allen Kunden, welche als neugierig, aber unentschlossen *(curious but uncommitted)* zu bezeichnen sind. Eine weitere Gruppe komplettiert das Quintett:

Die Kunden mit geringem Kundenwert *(lowest value segment)* aber optimalem Status *(more money than time)*. Das Beispiel zeigt auch, welche Kundensegmente zusätzlich angegangen werden können, aber ebenso, bei wem man die persönliche Betreuung aufrechterhalten sollte.

Um das Ganze zu managen, steht eine große Herausforderung im Raum: der Aufbau eines Kundenbeziehungsmanagements.

3.3.3.　　Kundenbeziehungsmanagement

Ein hoher Kundenwert ist ein großes Gut (vgl. Jenner, 2003, S.199):

- Bestandskunden bescheren einen höheren *Cashflow*[33], weil sie in der Regel öfter kaufen als Neukunden.
- Die Aufwendungen für die Kundenbetreuung können auf Dauer sinken. Das Kennen der Kundengewohnheiten spart Zeit.
- Der *Cashflow* fällt früher an, da die Kunden schnell auf Unternehmensaktivitäten reagieren (neues Produkt, Angebote).
- Bei loyalen Kunden steigt die Chance auf eine Stabilisierung des *Cashflows*.

---

[32] Promotion Score = Aktionsgrad; Betreuungsgrad
[33] Cashflow = Kassenzufluss, Geldfluss

- Die starke Kundenbeziehung wirkt sich auf den Residualwert[34] aus.

Diese Loyalität muss sich ein Unternehmen zuerst verdienen. Die Beziehung muss wachsen, wie die Abbildung 3-3 illustriert.

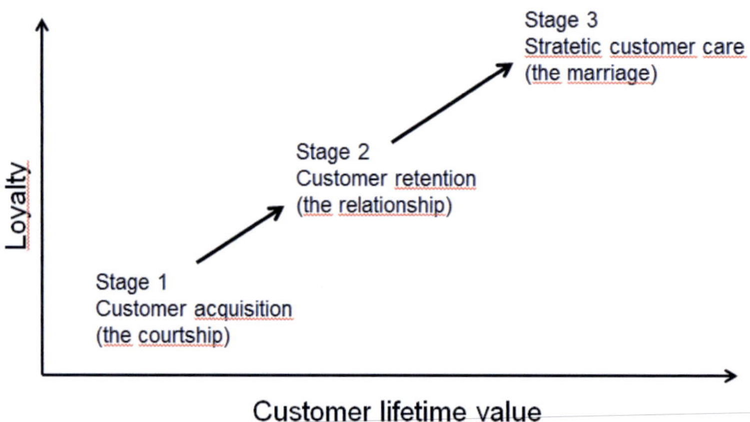

Abbildung 3-3: Loyalitätsentwicklung im Kundenbeziehungsmanagement nach Hollensen[35]

Um die Kundenloyalität zu erhöhen ist die Einführung des *Customer Relationship Management*[36] (CRM) unerlässlich. Durch CRM wird die Kundenbindung infolge der Pflege der Kundenbeziehung verbessert. *Customer Relationship Management* leistet allerdings noch viel mehr. Es ist eine Unternehmensphilosophie und beeinflusst das komplette Unternehmen. Der Kunde steht bei allen Prozessen im Vordergrund. Am Ende entsteht für den Kunden ein Mehrwert. Er fühlt sich ernst genommen und wert-

---

[34] Erwartungswert nach Ende der Planungsperiode
[35] Hollensen, 2012, S. 372
[36] Kundenbeziehungsmanagement

geschätzt. Durch die damit gestiegene Zufriedenheit kann der Kunde dauerhaft an das gesamte Unternehmen gebunden werden.

„Dieses kundenorientierte Denken beginnt schon bei der Produktentwicklung und setzt sich fort bei der Produktion, dem Vertrieb und dem Kunden-Service. ... Die zentrale Frage, die sich jeder in einem Unternehmen stellen sollte, das sich dem CRM verschrieben hat, sollte also immer lauten: Was kann ich tun, damit unser Kunde zufriedener mit unserem Produkt oder unserem Unternehmen ist?"

(Kundenbeziehungsmanagement – CRM im Informationszeitalter)[37]

Praxistipp 3:

Die individuelle Anpassung Ihres Unternehmens an die einzelnen Kundensegmente ist essentiell für den Erfolg Ihrer Telemarketing-Strategie. Überlegen Sie sich sehr gut, wie viel Sie für den Service am Kunden zu investieren bereit sind.

Natürlich ehrt es Sie, wenn Sie sich auch aktiv um die Kunden kümmern, die nicht - oder nur in geringem Maße - zum Unternehmenserfolg beitragen. Auf Dauer werden Sie sich dieses „Minusgeschäft" allerdings nicht leisten können.

Die Überprüfung der Segmente sollte regelmäßig erfolgen. Wenn aus einem „C-Kunden" im Laufe der Zeit ein Umsatzträger wird, dürfen Sie das nicht übersehen. Der umgekehrte Fall ist aber genauso gravierend: Sie investieren viel Zeit und Geld in einen Abtrünnigen.

---

[37] http://www.kundenbindung-crm de/seite. -3.html

Notizen zum Kapitel:

4. Einsatz von Telemarketing

D er Einsatz von Telemarketing-Aktivitäten bei der
Phama-Zieh GmbH unterliegt speziellen Parametern[38], welche in der Folge beschrieben werden.

4.1. Alles, was Recht ist

4.1.1.   Telefonmarketing im privaten Bereich

Mitbewerber, Verbraucherinnen und Verbraucher sowie sonstige Marktteilnehmer müssen vor unlauteren geschäftlichen Handlungen geschützt werden. So wurde das *"Gesetz gegen den unlauteren Wettbewerb in der Fassung der Bekanntmachung vom 3. März 2010 (BGBl. I S. 254)"*[39] verabschiedet.

Mit dessen Wirkung treten folgende Regelungen bei der Telefonwerbung in Kraft:

- Firmen dürfen nicht mehr mit unterdrückter Rufnummer anrufen.
- Bei Anrufen des Kunden im Unternehmen muss eine kostenlose Warteschleife, auch beim Weiterverbinden, realisiert sein.[40] Dies betrifft kostenpflichtige Servicerufnummern (z.B. 01805; 0900)
- Es gilt ein 14-tägiges Rückgaberecht bei abgeschlossenen Verträgen.

---

[38] Erarbeitet mit einem Spezialisten für Unternehmens- und Personalentwicklung

[39] http://www.gesetze-im-internet.de/bundesrecht/uwg_2004/gesamt.pdf

[40] Verbindlich ab 01.06.2013, solange Übergangsregelung

- Langfristige Verträge treten erst in Kraft wenn der Kunde diese schriftlich bestätigt.
- Anwendung der „Opt-in"[41]-Regelung. Bei dieser muss der Angerufene zuvor nachweislich dem Werbeanruf zugestimmt haben.
- Unangekündigte Anrufe zur Neukundenakquise – sogenannte „*Cold Calls*" - sind verboten.

4.1.2. Telefonmarketing im geschäftlichen Bereich

Gesetzliche Regelungen bezüglich des Telemarketings gibt es auch im B2B-Bereich.

Laut der Rechtsanwaltskanzlei „Beratungsbüro RA Gliss & Kramer"[42] ist der Telefonanruf in manchen Fällen zulässig. So zum Beispiel wenn ein so genanntes konkludentes oder vermutetes Einverständnis des Angerufenen vorliegt. Dies ist der Fall, wenn bereits eine Geschäftsbeziehung besteht und der eigentliche Geschäftsbereich betroffen ist. Weiter muss ein konkreter Anlass für das Interesse an dem angebotenen Produkt vorliegen.

„Teilweise wird auch vertreten, dass eine mutmaßliche Einwilligung stets dann anzunehmen ist, wenn ein Produkt den Kern des Geschäftsbetriebs des Anrufers betrifft. Dieser Aspekt dürfte mit Blick auf die Anforderungen der Rechtsprechung jedoch eher zu bezweifeln sein.

Eine bestehende Geschäftsbeziehung ist eine gute Grundlage für die Annahme einer mutmaßlichen Einwilligung. Eine bestehende Geschäftsbeziehung ist aber kein ,Selbstläufer'. Denn allein eine bestehende Geschäftsbeziehung begründet nicht die mutmaßliche Einwilligung. Dies hat jüngst das OLG Hamm in seinem Urteil vom 17.02.2009 (Az.

---

[41] Vom englischen Verb „to opt" = optieren; sich für etwas entscheiden
[42] Vgl. http://glisskramer.com

4 U 190/08) unter Bezugnahme auf die Rechtsprechung des Bundesgerichtshofs (BGH) hervorgehoben."[43]

Grundsätzlich sind Werbeanrufe in Geschäftsräumen gemäß § 1 und § 7 Abs. 2 Nr. 2 UWG aber unzulässig. Der Grund liegt darin, dass sich in solchen Fällen der Angesprochene oder weiteres Personal durch den Anruf belästigt fühlen können. Ebenso wird der Tagesablauf gestört. Die Leitung ist für die Zeit des Werbeanrufes für alle anderen – Geschäftspartner, Kunden, Mitarbeiter – besetzt und folglich nicht erreichbar. Werden die Anrufe generell zugelassen, würde der Arbeitsablauf im Betrieb faktisch gestört.

4.1.3. Das Headhunter-Urteil[44]

BGH-Headhunter-Urteil Az.: I ZR 73/02 ist eine positive Basis für Telemarketing im B2B-Business:
Das jüngste Urteil des Bundesgerichtshofes (BGH) über Anrufe von Headhuntern am Arbeitsplatz hat auch positive Auswirkungen auf das Telefonmarketing im B2B-Bereich. Dieser Ansicht ist nach einem Bericht des Bonner Brancheninformationsdienstes "Der Versandhausberater" der Wettbewerbsexperte Dr.Stephan Pauly. Seiner Auffassung nach "können infolge dieses Urteils Anrufe bei Gewerbetreibenden nicht wettbewerbswidrig sein, wenn erstmalig Produkte vorgestellt werden, für die es konkrete Anhaltspunkte eines Interesses beim Angerufenen gibt." Der BGH habe mit seinem Headhunter-Urteil (Az.: I ZR 73/02) die Interessen von Wettbewerbern und Werbetreibenden als ebenfalls schutzwürdig berücksichtigt, indem er ein vollstän-

---

[43] http://www.experto.de/b2b/recht/werberecht/werberecht-telefonwerbung-gegenueber-gewerbetreibenden.html
[44] http://www.telefonbau-schneider.de

diges Verbot der telefonischen Kontaktaufnahme am Arbeitsplatz als nicht gerechtfertigt abgelehnt habe.

Bei der BGH-Entscheidung ging es darum, ob Headhunter einen ersten telefonischen Kontakt mit einem Arbeitnehmer an dessen Arbeitsplatz herstellen dürfen. Das Gericht definierte solche Anrufe als wettbewerbsrechtlich zulässig, bei dem ein Mitarbeiter erstmalig auf sein Interesse an einer neuen Stelle angesprochen und diese kurz beschrieben wird.

Im Gegensatz zu der Rechtsprechung im B2C-Geschäft (Urteil des Landgerichts Bonn Az.: 11 O 66/06) ist nach Meinung aller Wettbewerbs-Fachleute die Werbung, der persönliche Erstkontakt und das Telemarketing im B2B-Geschäft zulässig.

4.2. Zielgruppe

Ein Ansatz der idealen Kundensegmentierung ist in Abbildung 3-2 ersichtlich. Es muss analysiert werden, in wie weit diese auf unsere Klientel adaptiert werden kann.

Die Phama-Zieh GmbH hat ihre Kunden klassisch segmentiert: Hier wurde eine Aufteilung in Key-Kunden, sowie A-, B- und C-Kunden vorgenommen.

Zunächst erscheint es logisch, dass Telemarketing bei den C-Kunden eingesetzt werden muss. Dies ist auch korrekt, deckt aber nicht alle Anforderungen ab. Eine generelle Ausgrenzung von Segmenten kann in unserem Fall nicht stattfinden.

Die Abbildung 4-1 zeigt die mögliche Intensität der Betreuung in den einzelnen Segmenten.

Dabei ist der Bereich, welcher durch Telemarketing abgedeckt werden kann, grau hinterlegt. Die Farbpalette (hellgrau bis dunkelgrau) spiegelt die Intensität der Betreuung von schwach bis stark.

	Key-Kunde	A-Kunde	B-Kunde	C-Kunde
Kontakt-intensität	xx Ansprachen pro Jahr mit besonderer Sensibilität	xx Ansprachen pro Jahr	x Ansprachen pro Jahr	aktive Betreuung bei Bedarf
Besuchs-frequenz	nach individuellen Kundenwünschen	x Besuche pro Jahr	selten	nur in Ausnahme-fällen
Priorisierung bei Anliegen	höchste Priorität; Einhaltung beson-derer Service-Level	obere Priorität; besondere Fristen	normale Priorität; besondere Fristen in Ausnahmefällen	niedrige Priorität; Einhaltung von Standardfristen
Selektives Serviceange-bot	maßgeschneiderte Angebote; besondere Exklusiv-leistungen	individuelle Angebote	weitestgehend standardisiert; begrenzte Sonder-konditionen	Standardangebot

Abbildung 4-1: Betreuungsintensität und Telemarketing
© Detlef Bonner

xx = zweistellige Anzahl
x = einstellige Anzahl

4.3. Einsatzmöglichkeiten

Neben der Segmentierung des Kunden spielt noch ein anderer Faktor eine wichtige Rolle. Bei den verschiedenen Telemarketing-Maßnahmen sind Unterscheidungen bezüglich des *Customer Liftetime Cycle*[45] sinnvoll.

Neukunden können aus anderen Gründen kontaktiert werden als Bestandskunden. Der Hintergrund bleibt jedoch der gleiche: die Vertiefung der Kundenbeziehung sowie die Generierung von Umsatz und Gewinn.

Die Einsatzmöglichkeiten sind dabei vielfältig:

- *Welcome-Call*[46] nach der Erstbestellung
  - ➢ Vertrauen wecken und Interesse demonstrieren
  - ➢ Klärung von Fragen

- Bewerbung von Angeboten, Messen und Kongressen
  - ➢ Generierung von Umsatz
  - ➢ Präsenz beim Kunden zeigen
  - ➢ Portfolio präsentieren

- Nachfassanrufe
  - ➢ Generierung von Umsatz
  - ➢ Feedback des Kunden einholen
  - ➢ Stärken erkennen
  - ➢ Schwachstellen erkennen
  - ➢ Aktionen herbeiführen

---

[45] Dauer der bisherigen Kundenbeziehung
[46] Willkommensanruf

- Allgemeine Informationen (Produktneueinführung und Produktverbesserung)
  - ➢ Vertrauen und Interesse wecken
  - ➢ Klärung von Fragen
  - ➢ Generierung von Umsatz
  - ➢ Präsenz beim Kunden zeigen

- Stammdatenqualifizierung
  - ➢ Vertrauen und Interesse wecken
  - ➢ Präsenz beim Kunden zeigen

- Kundenrückgewinnung
  - ➢ Klärung von Fragen
  - ➢ Vertrauen und Interesse demonstrieren
  - ➢ Präsenz beim Kunden zeigen

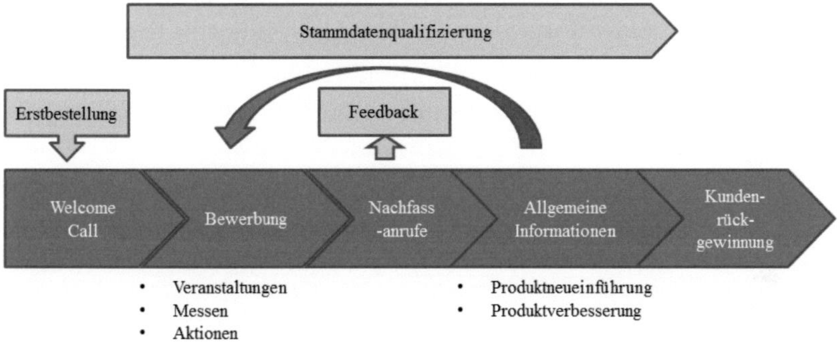

Abbildung 4-2: Einsatzmöglichkeiten des Telemarketings
© Detlef Bonner

Es ist klar zu erkennen, dass die Erhöhung der Präsenz beim Kunden im Vordergrund steht. Diese ist auch immens wichtig, denn nur so kann überhaupt erst Vertrauen aufgebaut und Interesse am Unternehmen geweckt werden. Beides vermissen die Kunden zu einem Großteil, beschweren sich doch 92 % über unzureichende Aufmerksamkeit. Mangelhafte Initiative der Unternehmen beklagen 86 % der Kunden (vgl. Friedrich, 2004, S. 68). Der Zusammenhang zwischen wirtschaftlichem Erfolg und Werbung steht außer Frage (vgl. Remy, 2007, S. 25). Telemarketing legt damit den Grundstein für die Rentabilität des Unternehmens. Nicht zu unterschätzen ist hierbei die Informationsgewinnung über eventuelle Mitbewerber. In der Gesundheitsbranche herrscht Oligopolismus. Daher ist jegliches Wissen über eventuelle Konkurrenten ein Wettbewerbsvorsprung.

4.4. Wer macht was?

Telemarketing wird nicht das ausschließliche Instrument bei der Kundenkommunikation sein. Kontaktaufnahmen durch den Sales-Manager wird es nach wie vor geben. Der Kunde darf nie das Gefühl bekommen, dass keine firmeninterne Abstimmung stattfindet. Dopplungen von Kundenkontakten zum gleichen Thema können die Beziehung gefährden. Professionelles Auftreten ist essenziell für eine langfristige, ertragreiche Kundenbeziehung.

„Die Erfahrung lehrt, dass interne Kommunikation vielfach nur aus dem Bauch heraus initiiert wird, ohne klare Ausgangsbasis, konzeptionslos."
(Künzel, 2005, S. 198)

Führt man sich den Wert des Unternehmens vor Augen, stellt man eines fest: Ein Erfolgsfaktor ist die Qualität der internen Kommunikation. Diese Anzeichen erkannte auch der Sprecher einer Einzelhandelskette. Er bezeichnet die interne Kommunikation zwischen den Mitarbeitern als strategische Perspektive für das Unternehmen. Der *Return of Invest* der internen Kommunikation unterstreicht diese Aussage mehrfach.[47]

Alle Telemarketing-Aktionen bedürfen einer gezielten Abstimmung. Dieser Prozess muss definiert werden. Im Idealfall wird CRM die Kommunikation zwischen den Parteien koordinieren.

4.5. Organisatorische Voraussetzungen

4.5.1.   Unternehmensorganisation

Um die organisatorischen Voraussetzungen für Telemarketing zu schaffen, sind zwei Kriterien entscheidend.

- Unternehmenspolitik:

  - Die Entscheidung des Managements über die grundsätzliche Einführung von Telemarketing.
  - Die Kalkulation, ob hierfür ein eigenes Team aufgebaut werden soll.
  - Die Eingliederung in vorhandene oder neu zu kreierende Organigramme.

---

[47] EBSCO-Literatursuche; ‚Internal Communication: Today's Strategic Imperative

- Infrastruktur:

  > Die Bereitstellung von Arbeitsplätzen.
  > Eventuelle Umbaumaßnahmen.
  > Die Ausstattung mit Hard- und Software.
  > Die Organisation und Durchführung von Qualitätssi-
    cherungsmaßnahmen.
  > Die Organisation und Durchführung von Mitarbeiter-
    schulungen.

4.5.2.   Aufgabenorganisation

Es ist für den Telemarketing-Mitarbeiter essenziell, die besten
Erreichbarkeitszeiten seiner individuellen Zielkunden herauszufinden. Hier können auch Nischenzeiten gleich morgens um acht
Uhr oder in der Mittagszeit erfolgreich genutzt werden (vgl. Fischer, 2010, S. 22).

Aus technischer Sicht muss sichergestellt sein, dass dem Mitarbeiter nur relevante Verbindungsdaten zur Verfügung gestellt
werden. Ausschließlich die mit dem Sales-Manager vorher abge-
stimmten Kunden dürfen kontaktiert werden. Je nach Volumen
kann hierzu ein *Dialer*[48] eingesetzt werden.

Ein weiterer Faktor ist die phonetische Situation des Mitarbeiters. Jeder Mensch, der täglich mehr als drei Stunden seine
Stimme beansprucht, übt einen Stimmberuf aus. Ein bis zwei
Stunden nach dem Aufstehen ist die Stimme voll einsetzbar. Die
gesunde Stimme ändert sie sich im Tagesverlauf nicht. Ist sie
allerdings angeschlagen, kann sich die Stimme nach einigen
Stunden rau, brüchig oder leise und verhaucht anhören. Mit einem guten Training und einem guten Stimmsitz kann die Stim-

---

[48] Der Dialer wählt automatisch die Rufnummern, die für einen festgelegten
Zeitraum vorgesehen sind.

me ein Leben lang volle Leistung bringen - Krankheiten, die zu einer automatischen Stimmveränderung führen, ausgenommen.[49]

Die Erfolgsquote durch Telemarketing ist also in dieser Beziehung tageszeitunabhängig.

„Im rechten Ton kann man alles sagen - im falschen Ton nichts!"
(George Bernhard Shaw)

---

[49] Interview mit Constance Klemenz, Schauspielerin, Moderatorin, Stimm- und Sprachtrainerin

Praxistipp 4:

Behalten Sie bei allen Ihren Aktivitäten die aktuellen gesetzlichen Gegebenheiten im Auge. In den letzten Jahren gab es viele Änderungen und Anpassungen, meist in Verbindung mit Karenzzeiten. Im Zweifelsfall ist hier die Konsultation eines Fachanwaltes gefragt.

Ist diese Hürde genommen, sollte streng nach der segmentorientierten Vorgehensweise agiert werden. Es gilt: so wenig wie möglich, aber so viel wie nötig. Hier kann ansonsten viel falsch gemacht werden. Fehler beim C-Kunden sind hier weniger schmerzhaft. Ein Key-Kunde wird Ihnen Fehler, welche auf schlechter Vorbereitung und Abstimmungsdefiziten beruhen nicht verzeihen. Zumindest ist das Verhältnis angekratzt.

Ein Telemarketing-Anruf sollte immer einen konkreten Anlass haben. Zum einen hat man einen guten Aufhänger und zum anderen fällt man nicht mit der berühmten Tür ins Haus – auch wenn es telefonisch ist. Die Notwendigkeit des Anlasses ist zum Teil - wie wir bereits erfahren haben – gesetzlich verankert.

Eine gute Vorbereitung ist das A&O. Die Vorbereitung beginnt schon in der Schaffung der geeigneten Infrastruktur und geht weit über die Organisation des eigentlichen Anrufs hinaus.

Notizen zum Kapitel:

5. Die Entscheidung – pro und contra

D ie Kundenreaktionen auf Telemarketing-Maßnahmen sind vielfältig. In der von mir initiierten Umfrage geben 66 % der Befragten an noch nie etwas am Telefon gekauft, bzw. einen Vertrag abgeschlossen zu haben:

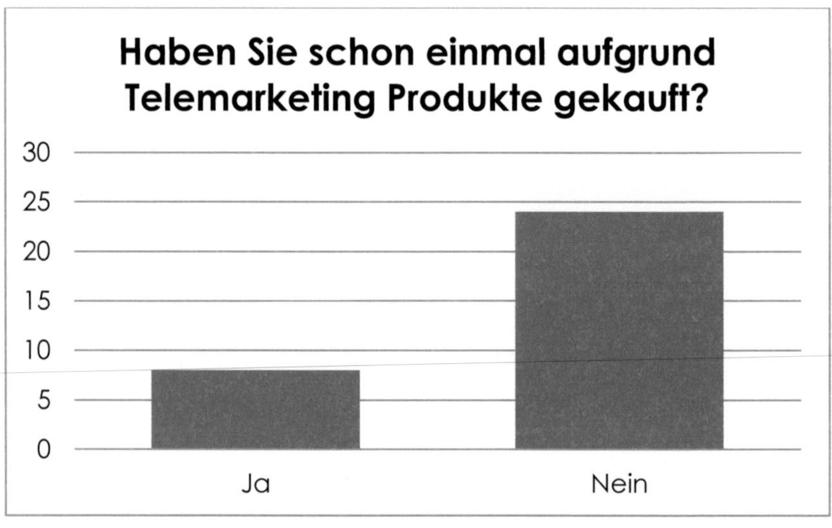

Abbildung 5-1: Einkaufaktivitäten durch Telemarketing [50]

Schon alleine diese Tatsache macht deutlich, dass Umsatzgenerierung machbar ist. Die Erfolgsquote ist hier relativ hoch. Die Wirtschaftlichkeit scheint auf den ersten Blick gegeben. Wichtig ist es gut, vorbereitet in den Kundenkontakt zu treten. Damit sind auch die Auswahl der optimalen Erreichbarkeitszeit sowie die Berücksichtigung der eigenen Tagesform gemeint. Es darf zu

---

[50] Ergebnisgrafik meiner Umfrage aus „www.lamapoll.de"

keiner Zeit die Gefahr bestehen, dass die Kundenbeziehung leidet.

5.1. SWOT-Analyse

Die Phama-Zieh GmbH ist bisher keinen Telemarketing-Aktivitäten nachgegangen. Es ist vollkommen unklar, wie die Akzeptanz beim Kunden und bei den Mitarbeitern ist. Ebenso ist nicht präsent, welche Hürden genommen werden müssen, um dieses Marketing-Instrument einzuführen. Um die Situation zu analysieren und eine Strategie zu finden wurde eine SWOT-Analyse erstellt[51].
Bei der Erarbeitung wird davon ausgegangen, dass zwischen interner und externer Sicht unterschieden wird. Die Stärken und Schwächen repräsentieren die interne Sicht. Hier wird ermittelt, wo wir unsere tatsächlichen Stärken und Schwächen sehen. Die Vorgehensweise ist also stark praxisorientiert – die gelebte Erfahrung wird hier zu Papier gebracht.
Die Chancen und Risiken beschreiben die Situation, die uns auf dem Markt begegnet. Wir stellen die Vermutung an, dass wir auf eine bestimmte Weise betrachtet werden und auch entsprechend beeinflussen können, sowohl die Kunden als auch die Mitbewerber.

Diese Analyse - auch Stärken-Schwächen-Analyse genannt - kommt zu folgendem Ergebnis:

---

[51] Mit Unterstützung von Mitarbeitern aus der Dentalbranche

<table>
<tr><td colspan="2" align="center">SWOT-Analyse „Telemarketing“</td></tr>
<tr><td>Strengths (Stärken)</td><td>Weaknesses (Schwächen)</td></tr>
<tr><td>

- Gute Technik (Headset,…)
- Kostenersparnis bei Vertriebsmanagern (weniger Kundenbesuche)
- Qualifizierte Kundendaten
- Permanente Aktualisierung der Kundendaten
- Marktbeobachtung
- Mitarbeiterentwicklung
- Mögliche Umsatzsteigerung
- Aufbau einer „Allround“-Abteilung

</td><td>

- Zu wenig Mitarbeiter
- Nicht auf den Bereich geschult
- Kein geeigneter Raum vorhanden
- Kostenaufwand für Kunden-Service
- Kommunikation mit Vertriebsmanager nicht zufriedenstellend
- „Können <u>und</u> wollen“ der vorhandenen Mitarbeitern unbekannt
- Optimale Anrufzeit unbekannt
- Keine technische Unterstützung (Doppelanrufe, Anrufsperrung bei gewissen Kunden)
- Einziges angewendetes Auswahlverfahren ist das Einzelinterview

</td></tr>
<tr><td>Opportunities (Chancen)</td><td>Threats (Risiken)</td></tr>
<tr><td>

- Kundeninteresse aufgreifen
- Kundenwünsche umsetzen
- Höherer Betreuungsgrad
- Mehr Zeit für Key-, A- und B-Kunden für den Vertriebsmanager
- Kunde spürt höhere Firmenpräsenz

</td><td>

- Negativer Firmenauftritt durch schlecht geschulte Mitarbeiter
- Gefühlter „Telefonterror“
- Schlechte Gesprächsvorbereitung
- Firmenruf kann Schaden nehmen

</td></tr>
</table>

Abbildung 5-2: SWOT-Analyse vom 20.08.2012
© Detlef Bonner

Folgende Strategien können Anwendung finden[52]:

- SO-Strategie: Durch die Stärken des Unternehmens soll erreicht werden, dass die Chancen genutzt werden.

- ST-Strategie: Durch die Stärken des Unternehmens sollen die Risiken weitestgehend minimiert werden.

- WO-Strategie: Schwächen werden abgebaut und dadurch Chancen genutzt.

- WT-Strategie: Schwächen werden abgebaut und dadurch die Risiken reduziert.

5.2. Einfluss auf die Kundenbeziehung

Bezugnehmend auf die SWOT-Analyse wird deutlich, dass der Einsatz von Telemarketing einen positiven Einfluss auf die Kundenbeziehung haben kann. Voraussetzung ist hierbei, dass die richtige Strategie Anwendung findet. Dies wird anhand des Beispiels der WO-Strategie erläutert:

Das höchste Verbesserungspotential erreicht unser Unternehmen zunächst durch den Abbau der Schwächen. Dies wird umso deutlicher, wenn man sich vor Augen führt, dass dadurch die Stärken weiter ausgebaut werden. Aus der Schwäche „kompletter Prozessablauf fehlt" kann die Stärke „validierter Prozessablauf vorhanden" entstehen. Mit der Kombination von reduzierten Schwächen und neuen Stärken wird die Nutzung der Chancen erleichtert. So kann mit der eliminierten Schwäche „zu wenige Mitarbeiter" eine hohe Kontaktfrequenz sichergestellt werden.

---

[52] http://www.Controllingportal.de; SWOT-Analyse

5.3. Außenwirkung

*„Berlin – Die Callcenter-Branche ist mit einem negativen Image be-
haftet und das zu Recht, wie der international tätige Telemarketing-
Spezialist Yields unter Verweis auf die schlechten Arbeitsbedingungen
in der Branche bemängelt. So sind Stundenlöhne von unter 5 Euro und
Großraumbüros mit bis zu 150 Menschen, die entgegen gesetzlichen
Bestimmungen pausenlos über mehrere Stunden hinweg telefonieren
müssen, vielerorts keine Seltenheit. Darüber hinaus wird im Out-
bound-Sektor häufig sogar nur erfolgsbasiert entlohnt. Sprich: Callcen-
ter-Mitarbeiter, die keine Sales vorweisen können, dürfen ihren Heim-
weg ohne jeglichen Verdienst antreten."*

(Pressemitteilung der Yields. Sales & Services GmbH vom
15.04.2008)

Diese Befürchtung ist für die Mitarbeiter der Phama-Zieh
GmbH wahrlich unbegründet. Es besteht jedoch das Risiko, dass
sich das in der Pressemitteilung suggerierte Image am Markt
etabliert. Die Mitbewerber könnten mit dieser Argumentation
die Phama-Zieh GmbH in ein schlechtes Licht rücken. Der so
entstandene Schaden ist kaum zu beziffern und nur schwer wieder zu beheben. Die in der SWOT-Analyse ermittelten Risiken
sind also tunlichst zu vermeiden.

5.4. Wirtschaftlichkeit

Telemarketing-Aktionen sollen für die Phama-Zieh GmbH wirtschaftlich sinnvoll sein. Ob dem tatsächlich so ist, kann im Vorfeld nicht sichergestellt werden. Hier muss die Erfahrung die Wahrheit aufzeigen. Der Wert von gutem Kunden-Service und Weiterempfehlungen durch unsere Kunden ist nicht zu beziffern. Genau diese beiden Punkte bilden jedoch Hauptziele, welche wir durch die gesteigerte Präsenz beim Kunden erreichen möchten.

Beziffert werden kann der finanzielle Einsatz für das Unternehmen:

Aktion	Minuten
Gesprächsvorbereitung	5
2 erfolglose Anrufversuche	4
erfolgreicher Anrufversuch	5
Nachbearbeitung	3
Puffer	2
Summe	19

Abbildung 5-3: Zeitkalkulation
© Detlef Bonner

Es ergibt sich die maximale Anzahl von mehr als drei abgeschlossen Anrufen in der Stunde. Unter der Prämisse eines 8-Stunden-Tages wird die Gesamtsumme von 25,26 abgeschlossenen Kundengesprächen pro Tag erreicht.

Legt man 1.568 € als monatliches Gehalt zugrunde[53], ergibt sich ein Stundenlohn von 8,90 €. Grundlage sind 22 Arbeitsstage im Monat bei 40 Stunden pro Woche.

Wir erreichen also einen *Cost per Call*[54] von
8,90 € x 8 Stunden / 25,26 Anrufe = 2,81 €.

Die Einrechnung der Lohnnebenkosten von 28 %[55] ergibt den tatsächlichen *Cost per Call* = 3,60 €.

Diesem Faktor sind nun die Kosten für die Besuche der Sales-Manager gegenüber zu stellen. Ebenso müssen die Erfolgsquoten und der damit prognostizierte Umsatz für beide Kontaktmöglichkeiten in die Kalkulation einbezogen werden.

---

[53] Gehalt Telemarketing-Agent in Bayern, http://www.gehaltsvergleich.com
[54] Cost per Call = Personalkosten, die dem Unternehmen durch einen Anruf entstehen
[55] Realer Wert: Statistisches Bundesamt Deutschland 24.4.2012, Pressemitteilung Nr. 144

Praxistipp 5:

Machen Sie es unbedingt von der Reaktion des Kunden abhängig, ob Sie eine Telemarketing-Aktion fortführen wollen oder wirklich abbrechen. Natürlich sollten Sie nicht aufgrund einer Einzelmeinung so verfahren. Sie werden aber spüren, ob Sie selbst mehr Schaden anrichten, wenn Sie treue Kunden verprellen und zu illoyalen machen. Es ist daher essentiell, Feedback einzuholen und auch zu beherzigen. Eine gute Kundenbeziehung aufs Spiel zu setzen ist ein hohes Risiko.

Ob Telemarketing wirtschaftlich sein muss, liegt im Ermessen der Geschäftsleitung bzw. in der Firmenphilosophie. Reine Serviceanrufe kosten in der Regel mehr Geld als letztendlich eingespielt wird. Sie sorgen aber oft für einen nicht zu beziffernden Positiveffekt auf die Kundenbeziehung.

Echte Verkaufsanrufe hingegen sind auf das Generieren von Umsatz angelegt. Hier muss in jedem Fall gewinnbringend gearbeitet werden.

Notizen zum Kapitel:

6. E-Business

6.1. Online-Marketing

Weltweit hat die Anzahl der Internet-Nutzer rapide zugenommen. Im Jahr 2009 wurde die Milliardengrenze überschritten[56]. Mit der steigenden Zahl an Internet-Nutzern hat sich das *World Wide Web* (www) als Werbeplattform quasi aufgedrängt. Diese Form des Marketings bietet den Firmen immense Vorteile. Vieles läuft automatisiert ab. Dadurch sind menschliche Fehlerquellen nahezu ausgeschlossen. In der Regel muss nur ein geringer Anteil an Stammpersonal eingesetzt werden.

Es ergibt sich aber auch eine Reihe von Nachteilen, sowohl auf Anbieter-, als auch auf Kundenseite (vgl. Maier, Pützfeld, 2002, S. 211ff):

Vorteile Kunde	Nachteile Kunde
Schnelligkeit und Bequemlichkeit	Kaum überschaubares Angebot
Bessere Informationen	Qualität und Sicherheit schwer zu beurteilen
Preisvorteil	Kriminelles Potential
Unterhaltung durch multimediales Medium	
Personalisierung erleichtert die Orientierung	

---

[56] ZDNet / News vom 26. Januar 2009 12:10 Uhr

Vorteile Anbieter	Nachteile Anbieter
Informationsvorsprung	Keine oder schwere Etablierung von Marken
Transparenz des Angebotes	Keine Möglichkeit von globalen Massenbotschaften
Kostengünstige Werbung	Erreichbarkeit auf bestimmte Zielgruppen beschränkt
Exakte Zielgruppenauswahl	Nicht alle Produkte sind zum Onlinehandel geeignet
Direkte und gezielte Kommunikation	Mögliche Problematik beim Zahlungsverkehr
Höhere Flexibilität bei Änderungen	
Umfangreicher After-Sales-Service	
Weltweites Marketing	
Gesteigerte Attraktivität durch technologische Demonstration	

Abbildung 6-1: Vor- und Nachteile des Online-Marketings
© Detlef Bonner

6.1.1.   Zielgruppe

In der Gesundheitsbranche ist die Affinität zum Internet nicht ausgeprägt. Dies hat sicherlich mehrere Gründe. Ein Grund ist, dass die Ärzte während der Sprechstundenzeit keinen Freiraum haben, um sich im Internet zu betätigen. Zum anderen liegt das Durchschnittsalter deutscher Zahnärzte bei 47,4 Jahren (Bundeszahnärztekammer 2010). Sie stehen damit an der Schwelle zu der Altersgruppe, welche statistisch gesehen, das Internet am wenigsten nutzt.

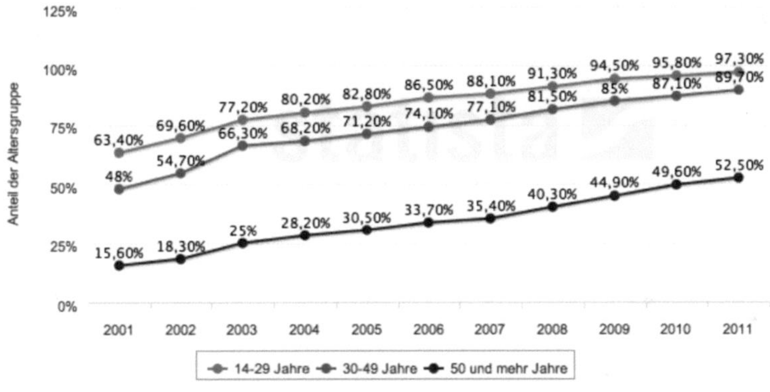

Abbildung 6-2: Internetnutzung nach Altersgruppen[57]

---

[57] Statisa; 2012

Die „Szenesprache" betitelt die Altersgruppen folgenderma-
ßen[58]:

- Jahrgang 1980 und jünger: *„digital natives"*
- Jahrgang 1960 bis 1979:   *„digital immigrants"*
- Jahrgang 1959 und älter: *„Silver Surfer"*.

Die Phama-Zieh GmbH wird vermutlich über Online-
Marketing nur etwa die Hälfte der Kunden erreichen können –
orientiert man sich an der oben aufgeführten Statistik.

6.1.2.   Einsatzmöglichkeiten

Bei den Einsatzmöglichkeiten ist zwischen passivem und ak-
tivem Marketing zu unterscheiden.[59]

Das passive Marketing beruht auf einer Interaktion des Kunden. Dieser besucht aus eigenem Antrieb die *Homepage*. Dort
führt er ohne Aufforderung Aktionen aus. Dies kann die Abgabe
einer Bestellung sein oder auch die reine Informationsbeschaf-
fung.

Das aktive Online-Marketing gründet sich auf eine Aktion des
Unternehmens. In der Regel geschieht dies über zwei Kanäle:

- E-Mail-Marketing bedient die Kunden mit Informationen.
Im B2B-Handel werden verschiedene Typen mit unterschiedli-
cher Intensität eingesetzt. Diesem Medium wird allerdings eine
nur noch kurze Lebensdauer prognostiziert.

---

[58] Digital natives: mit der digitalen Welt aufgewachsen
  Digital immigrants: in die digitale Welt hineingewachsen
  Silver Surfer: Nutzer ohne tiefere Kenntnisse der digitalen Welt
[59] „Aktives, passives Marketing" = eigene Definition aus Firmensicht

"Ich wette, dass in zehn Jahren ein Großteil der Unternehmen E-Mails als Kommunikationsmedium verbannt haben wird. Kommunikation wird neue Technologien nutzen, etwa Wikis, Chats, Communities, Blogs, Foren und Videokonferenzen."
(Daniel Hartert, CIO der Bayer AG am 29.07.2011)

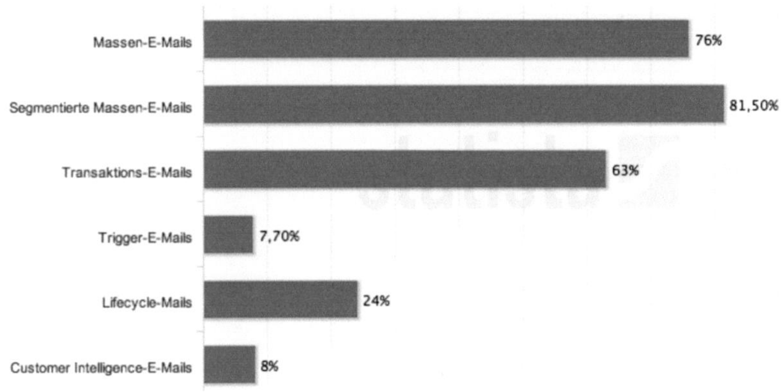

Abbildung 6-3: E-Mail-Nutzung im B2B Handel[60]

- Kontakt über *Social Media*[61]: Jeder zweite Deutsche ist in sozialen Netzwerken registriert. Allerdings bewegt sich nur jeder zehnte Internetnutzer aus beruflichen Gründen in diesem Medium. Darüber informierte das Statistische Bundesamt am 17. Mai 2012 in einer Pressemitteilung (vgl. Welt Online, 18.05.2012).[62]

---

[60] Statisa; Deutschland; Handelsunternehmen; 227 Befragte; 14. Januar bis 1. März 2011
[61] „Soziale Netzwerke", wie facebook, Xing, Twitter
[62] http://www.welt.de/

Der B2B-Bereich steht bezüglich *Social Media* also noch am Anfang. Hier stellt sich die Frage, ob dadurch mit erheblichem Wachstumspotential auf dem Sektor zu rechnen ist.

6.2. Mobile Marketing

„Mobile Marketing beschreibt beliebige Marketingmaßnahmen unter Verwendung mobiler Endgeräte mit dem Ziel, potentielle Kunden mit einer bestimmten Marketingbotschaft zu erreichen, da der Begriff Mobile Marketing eine solche Vielfalt an Maßnahmen umfasst.“
(Krum, 2012, S. 22)

Mobile Marketing ist:

- <u>zielorientiert:</u> Das Mobiltelefon und die Art und Weise der Nutzung geben wichtige psychografische und demographische Informationen über den Eigentümer preis.

- <u>persönlich:</u> Das *Smart-Phone* ist für viele Menschen das persönlichste technische Gerät, das sie besitzen. Es begleitet den Nutzer überall hin.

- <u>direkt:</u> Die mobile Zustellung bietet die Chance, dass der Kunde sofort auf eingehende Marketinginformationen reagieren kann.

Für die Kunden der Phama-Zieh GmbH spielt Mobile Marketing quasi keine Rolle. Zieht man das Durchschnittsalter deutscher Zahnärzte in Betracht, nutzen nur 7 % von ihnen ein Smart-Phone. Eine Investition in diese Richtung ist daher nicht sinnvoll.

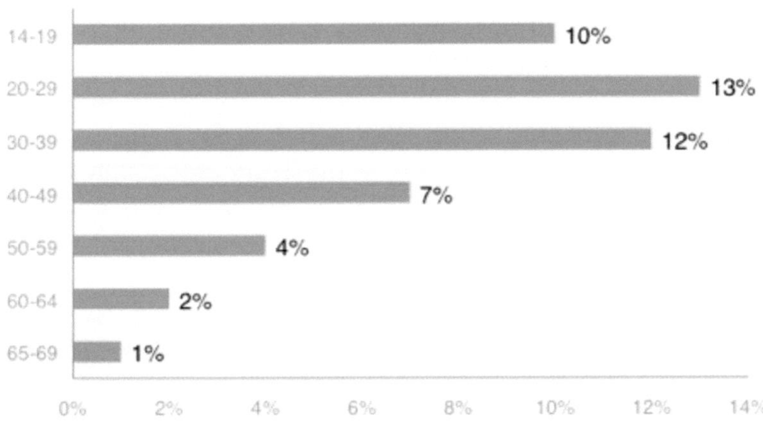

Abbildung 6-4: Smart-Phone Penetration[63]

____

[63] http://www.mobile-trends.net/statistiken/ Seite 14/20 aus 2010

Praxistipp 6:

Nicht alle Marketingformen, die mit „E" beginnen, sind in der Gesellschaft angekommen. Hier ist ein sehr starker Einfluss von Geschlecht und Alter festzustellen. Arbeiten Sie hier zielgruppengerecht. Überfrachten Sie Kunden der älteren Jahrgänge nicht mit Einflüssen, die ihnen noch immer fremd sind. „Reizüberflutung" gibt es auch im Telemarketing-Bereich.

Im umgekehrten Fall - sollten Ihre Kunden zu den jüngeren Jahrgängen gehören – machen Sie den gleichen Fehler, wenn Sie die elektronische Welt ausblenden. Kundenorientiert heißt auch zielgruppenorientiert.

Machen Sie ein Kreuzangebot. Das bedeutet, dass Sie den Generationen die Marketingmethode anbieten, mit der sie am besten umgehen können, ohne diesen Kunden dabei die anderen Instrumente komplett zu entziehen.

Notizen zum Kapitel:

7. Kultur

7.1. Kulturelle Kompetenz

Das Statistische Bundesamt hat eine Erhebung des Ausländeranteils je Berufsgruppe durchgeführt. Diese Erhebung, welche zum Stichtag 30. Juni 2010 vorgenommen wurde, ergab einen Anteil von 6,10 % bei Ärzten und Apothekern.
(Statistisches Jahrbuch 2011, S. 93).

Dieser Kundenstamm erfordert eine „andere" Betreuung. Die kulturellen Unterschiede dürfen nicht vernachlässigt werden. Der Kundendialog, zum Beispiel mit einem Japaner oder Südafrikaner, stellt besondere Anforderungen.

Professor Ralf Wagner[64] hat herausgefunden, dass in Südafrika Werbebriefe besonders gut ankommen werden. In Asien trifft man mit Warenproben die richtige Marketing-Entscheidung. Hingegen reagieren Westeuropäer eher kritisch auf unerbetene Zusendungen. Andere Länder, andere Sitten – das gilt auch und gerade im Telemarketing. Das Wissen über kulturelle Unterschiede ist essenziell für Unternehmen, die über die eigenen Grenzen hinaus nach neuen Absatzchancen suchen. Und vor allem auch für alle Firmen, die im Inland Kunden mit Migrationshintergrund betreuen. Dies ist nicht nur ein Thema des Telemarketings. Auch bei der persönlichen Betreuung vor Ort muss man sich der Unterschiede bewusst sein.

Es müssen neue, für uns zum Teil gewöhnungsbedürftige Gesprächsansätze angewendet werden, angepasst an die Kultur des Kunden.

---

[64] Prof. Ralf Wagner, Lehrstuhl für Internationales Telemarketing, Universität Kassel

Der holländische Kulturpsychologe und Sozialwissenschaftler Geert Hofstede[65] hat hier einen interessanten Vergleich gezogen. Er bezeichnet die Kultur als *„kollektive Programmierung des Geistes"*, welche die Mitglieder einer Gruppe oder Kategorie von Menschen von einer anderen unterscheidet (Hofstede 2006:4).[66]

Tatsächlich ist die Kultur der Kunden für deren Bedürfnisse ausschlaggebend. Es gilt die Kundenzufriedenheit je nach Kulturkreis zu identifizieren. Auch wenn der Kunde schon länger in Deutschland lebt, wird er seine Wurzeln nicht verleugnen. Wann immer es möglich ist, sollte man folgende Kulturdimensionen des Kunden-Mutterlandes betrachten (Künzel, 2005, S. 121f.):

- das politischen System,
- das Bildungssystem,
- die Sprache und die Sprachpolitik,
- die Sitten und Gebräuche,
- Rituale und Feste,
- soziale Klassen,
- Ausrichtung der Religion,
- generelle Wertvorstellungen.

Der Ausbau der kulturellen Kompetenz der gesamten Belegschaft ist ein wichtiger Faktor bei der Umsetzung erfolgreicher Kundenbeziehungen.

---

[65] Prof. Gerard Hendrik Hofstede, bekannt als Geert Hofstede, Kulturpsychologe und Sozialwissenschaftler (* 2. Oktober 1928 in Haarlem)
[66] http://www.transkulturelles-portal.com

7.2. Globaler Kulturen-Vergleich

Es besteht die Notwendigkeit, kulturelle Unterschiede zu beachten. Das zeigt der Vergleich dreier Länder auf unterschiedlichen Kontinenten: Deutschland (Europa), USA (Nordamerika) und Thailand (Asien). Das *Headquarter* der Phama-Zieh GmbH ist in allen drei Erdteilen aktiv.

Grundlage der Bewertung sind die Forschungen von Professor Geert Hofstede. Er bewertet die verschiedenen Länder mit unterschiedlichen Kulturdimensionen. Die komplette Matrix ist im Anhang 11.2 hinterlegt.

Die Grundlage der Ausarbeitung bildet folgender Auszug der Matrix:

ctr	country	pdi	idv	mas	uai	ltowvs
GER	Germany	35	67	66	65	83
THA	Thailand	64	20	34	64	32
USA	U.S.A.	40	91	62	46	26

Abbildung 7-1: Globaler Kulturindex

7.2.1.   Machtdistanz PDI

Der Begriff beschreibt die Intensität der Beziehungen innerhalb eines Landes oder auch innerhalb eines Unternehmens oder einer sonstigen Institution. In Thailand findet man, im Gegensatz zu Deutschland und den USA, eine hohe Machtdistanz. Das heißt, dass das Gehorsam und das Erhalten von Anweisungen den Tagesablauf prägen. Hat man also in Deutschland Kunden mit thailändischer Herkunft, sollte man versuchen, den Chef persönlich zu erreichen. Er wird seinen Mitarbeitern untersagt haben, eigenständig Entscheidungen zu treffen. Zumindest ist dies sehr wahrscheinlich.

In den USA ist die Machtdistanz leicht höher als in Deutschland. Hier wird auch schon mal von einem Mitarbeiter der unteren Hierarchieebene eine Kaufentscheidung getroffen.

7.2.2.   Individualismus und Kollektivismus IDV

Menschen, welche in Kulturen geboren sind, in denen Individualismus vorherrscht, gehen untereinander eine oberflächliche Bindung ein. Sie sorgen für die eigene Familie bzw. für sich alleine und leben ihr eigenes Leben. Im Gegensatz dazu werden Menschen in „Wir-Gruppen" hinein geboren. Dort sind unbedingte Loyalität und lebenslanger Schutz Teil der Kultur. Man spricht in diesem Fall von Kollektivismus.

„Bemerkenswert ist, dass kollektivistische Gesellschaften (ca. 96% der Weltbevölkerung) in unserer Welt die Regel und Individualismus (ca. 4%) die Ausnahme sind. Trotzdem sind individualistische Gesellschaften oft der Ansicht, dass sie den kollektivistischen, resp. den anderen Formen ‚mentaler Software', überlegen sind."
(Hofstede 2006: 90)[67]

Auch hier sind wieder gravierende Unterschiede zwischen den asiatischen und den westlichen Ländern festzustellen. In Thailand herrscht ein äußerst niedriger Grad an Individualismus, also ein ausgesprochen starker Zusammenhalt, geprägt von sehr hohem Respekt und großer Harmonie. Bei solchen Kunden sind Streitgespräche und direkte Auseinandersetzungen zu vermeiden, denn dadurch könnte sich der asiatische Kunde beleidigt fühlen. Die Wahrscheinlichkeit, dass ein Geschäft zustande kommt, ist dann relativ gering. Die Mentalität, sich gegenseitig die Meinung zu sagen, ist in den USA noch höher ausgeprägt, als in Deutschland. Hier gehören harte Verhandlungen zum Geschäft.

---

[67] http://www.transkulturelles-portal.com

7.2.3.   Maskulinität vs. Feminität MAS

Diese Kategorie beschreibt, wie stark die Geschlechter in ihren vorgegebenen Rollen gefangen sind. Hohe Maskulinität bedeutet starke Abgrenzung. Männer müssen nach Macht streben und materielle Orientierung mitbringen. Frauen müssen sensibel sein. Sie legen Wert auf Lebensqualität. In der Feminität, also dem umgekehrten Fall, verschmelzen die Rollen emotional. Beide, Männer und Frauen, legen Wert auf Lebensqualität, sind sensibel und feinfühlig.

Die Maskulinität in Deutschland und den USA zeigt keine signifikanten Unterschiede. Beide Staaten sind maskulin orientiert, sind aber nahe an der Bildung einer Schnittmenge mit der Feminität. Thailand hingegen ist eher feminin orientiert. Hier wird das Verkaufen schwer, wenn der Kunde keine unbedingte Notwendigkeit sieht. Die Familie und die intakte Beziehung sind wichtiger als Sachwerte und Geld. Es muss mehr Überzeugungsarbeit geleistet werden als bei den westlichen Kunden.

7.2.4.　Unsicherheitsvermeidung UAI

Die Unsicherheit hat nichts mit Risiko zu tun. Unsicherheit beschreibt die Furcht und Angst vor Neuem. Sei es Technik, Religion oder Gesetzte – man steht Änderungen zunächst kritisch gegenüber, zumindest wenn man aus einer Kultur kommt, welche einen hohen Wert auf Unsicherheitsvermeidung legt.

Hier liegen Deutsche und Thailänder auf gleichem Niveau. Man weiß zwar mit Unsicherheiten umzugehen, am besten ist es aber, wenn sich nichts im Leben ändert. In den USA kann die Mehrheit mit Unsicherheiten zurechtkommen. Was bedeutet dies nun bezüglich des Umgangs mit dem Kunden? Deutsche und Thailänder müssen von einem Produkt überzeugt sein. Der Kunde ist hier durch die Erläuterung des Mehrwertes und das Eliminieren von Bedenken zu erreichen. Dem US-Amerikaner ist es wichtiger, immer das neuste Produkt auf dem Markt zu besitzen.

7.2.5.　Langzeitorientierung LTO

Diese Bezeichnung des Teiles der Kultur steht unter anderem für das Bewahren von Tugenden, die auf künftigen Erfolg hin ausgerichtet sind. Schlagwörter sind hier Beharrlichkeit und Sparsamkeit. Die Kurzzeitorientierung hingegen steht für den Respekt vor Traditionen. Die Erfüllung sozialer Pflichten ist ein Lebensinhalt. Vor allem ist es wichtig, dass niemand sein Gesicht verliert.

Deutsche Kunden denken vielfach langfristiger als Thailänder oder US-Amerikaner. Durch diese Denkweise gehen Asiaten lapidarer mit Ressourcen um. Folglich verfügen sie über eine geringe Sparquote und wenig Kaufkraft. Generell ist es hier schwer, ein Verkaufsgespräch zu führen. Das Geld wird eher für die Erfüllung sozialer Pflichten ausgegeben.

7.3. Europäischer Kulturen-Vergleich

Der Vergleich ist auch für die in Deutschland praktizierenden Mediziner mit Migrationshintergrund erforderlich. Hierzu werden exemplarisch zwei Anrainerstaaten Deutschlands untersucht: Dänemark und der Nicht-EU-Staat Schweiz. Bezüglich der Index-Definitionen und der deutschen Besonderheiten verweise ich an dieser Stelle auf Kapitel 7.2.

ctr	country	pdi	idv	mas	uai	ltowvs
DEN	Denmark	18	74	16	23	35
SWI	Switzerland	34	68	70	58	74

Abbildung 7-2: Europäischer Kulturindex

7.3.1.   Machtdistanz PDI

Dänemark weist eine äußerst geringe Machtdistanz auf. Die Ungleichheit zwischen den Menschen ist so gering wie möglich. Dies bedeutet auch, dass die Mitarbeiter in Entscheidungen mit einbezogen werden, so auch in Kaufentscheidungen. Bei Verkaufsgesprächen sollte also direkt ein Teil der Belegschaft anwesend sein.

Bei Schweizer Kunden ist diese Maßnahme ebenfalls sehr sinnvoll. Auch hier liegt ein relativ geringer PDI vor. Es ist aber davon auszugehen, dass der Vorgesetzte das letzte Wort hat, auch wenn die Meinung der Mitarbeiter durchaus respektiert wird.

7.3.2.   Individualismus und Kollektivismus IDV

In beiden Ländern herrscht ein hoher Grad an Individualismus. Seine aufrichtige Meinung zu sagen ist ein Kennzeichen der Kultur. Bei Verkaufsgesprächen ist nicht zu erwarten, dass sich der Kunde aus Höflichkeit eine Bemerkung erspart. Für die Verkaufsgespräche wird viel Überzeugungskraft benötigt.

7.3.3.   Maskulinität vs. Feminität MAS

Der sehr geringe MAS-Index in Dänemark begründet sich unter anderem darin, dass sich die Vorgesetzten auf ihre Intuition verlassen. Ebenso streben sie einen Konsens an. In Kapitel 7.2.1. und 7.2.3 wurde bereits darauf hingewiesen, dass ein Däne seine Meinung sagt und auch beim Verkaufsgespräch überzeugt werden muss. Dies erreicht man am besten, wenn man mit ihm verhandelt und einen Kompromiss sucht.

Die Schweizer Bürger sind an dieser Stelle beharrlicher und bestehen eher auf ihrem Recht. Sie lassen sich nicht gerne überzeugen oder mit Alternativen befriedigen. Der Kunde fühlt sich gut und bestätigt, wenn er seine Wünsche durchgesetzt hat.

7.3.4.   Unsicherheitsvermeidung UAI

Die dänische Bevölkerung ist offen für Neues. Mit Unsicherheit umzugehen gehört zum täglichen Leben. Somit sind die Menschen auch offen für Innovationen und neue Produkte. Diesbezüglich hat der Verkäufer keine Hemmnisse zu erwarten.

Die Schweizer sind in der Beziehung deutlich kritischer. Es gilt die Skepsis gegenüber neuen Produkten und den generellen Widerstand gegen Innovationen zu eliminieren. Falls das Produkt nach dem Erwerb nicht hält, was der Verkäufer zugesagt hat, wird es sicherlich zurückgegeben. Es besteht sogar dann eine anhaltende Gefahr für die Geschäftsbeziehung.

7.3.5. Langzeitorientierung LTO

Dieser Index ist bei Dänemark auch sehr niedrig ausgeprägt. Die Bürger haben eine relativ geringe Sparquote. Folglich wird jede Investition genau durchdacht, was das Verkaufsgespräch durchaus erschweren kann.

In der Schweiz ist die Langzeitorientierung mehr als doppelt so stark ausgeprägt. Hier findet man eine relativ hohe Sparquote vor, aber auch einen sparsamen Umgang mit Ressourcen. Die Überzeugung des Kunden ist somit eine Gratwanderung zwischen Erfolg und Ablehnung.

Praxistipp 7:

Eines vorweg: Schicken Sie jetzt bitte keine Detektive los, um herauszufinden, welchem Kulturkreis ihre Kunden entstammen. Entweder Sie wissen es, weil Sie den Kunden schon länger kennen, oder Sie werden es im Laufe der Kundenbeziehung herausfinden.

Alleine schon aus dem Namen lässt sich vieles herleiten und interpretieren. Versuchen Sie mit dem Kunden – falls es seine Zeit erlaubt – über Small-Talk die Individualitäten seiner Herkunft herauszufinden. Gehen Sie dabei mit der notwendigen Sensibilität und Zurückhaltung vor.

Selbstverständlich müssen Sie sich nicht in allen Lebenslagen den fremden Kulturen anpassen. Das wäre töricht und Sie würden Ihre eigene Herkunft verleugnen. In der Telemarketing-Situation wollen Sie aber an den Kunden herankommen. Sie wollen ihm ein Produkt oder eine Dienstleistung verkaufen. An dieser Stelle macht es Sinn, die eigene Kultur zurückzustellen: es erleichtert den Abschluss.

Sie nehmen die Mentalitäten des Kunden zu Ihren Gunsten zu Hilfe – und dürfen dabei getrost von einer Manipulier-Technik sprechen.

Notizen zum Kapitel:

8. Personal

Der unternehmerische Erfolg wird in erster Linie durch die richtigen Mitarbeiter bestimmt. Ein solcher denkt mit, handelt selbstverantwortlich, ist kreativ und gestalterisch begabt. Er hat den Wunsch nach Selbstverwirklichung. Er will verstehen, warum er etwas tut, und möchte seine Arbeit in einen sinnstiftenden Gesamtzusammenhang einordnen. Der Mitarbeiter kann und will sich an den Gestaltungsprozessen beteiligen, die sein Arbeitsumfeld und sein Unternehmen betreffen.[68]

Der Mitarbeiter von heute will also nicht nur „funktionieren", sondern seinen Fähigkeiten entsprechend eingesetzt werden. Dies ist auch im Sinne des Unternehmens, denn bei Unterforderung droht das Desinteresse an der Arbeit und Langeweile - das sogenannte Boreout-Syndrom[69]. Dies kann den Arbeitgeber auf Dauer sehr viel Geld kosten. Daher ist es sehr wichtig, von Anfang an die richtigen Mitarbeiter einzustellen. Diese sind ihren Kompetenzen entsprechend einzusetzen.

8.1. Personalmarketing

Personalmarketing bedeutet, die richtigen Talente zu begeistern und an das eigene Unternehmen zu binden. Personalbindung ist ein sehr wichtiger Prozess des Personalmarketings. Seit 2003 nimmt die Zahl der in Deutschland lebenden Menschen stetig ab. Heute leben hierzulande 82,3 Millionen Bürger, für das Jahr 2050 werden nur noch ca. 75,1 Millionen Bürger prognostiziert (vgl. Statistisches Bundesamt 2009 (g)). Es entsteht somit ein Engpass an nachwachsenden Fach- und Führungskräften. Dies

---

[68] Vgl. „http://www.teialehrbuch.de"
[69] Vom englischen Adjektiv „boring" = langweilig

erschwert den Unternehmen die Rekrutierung von qualifizier-
tem Personal.

Personalmarketing hat das Ziel, dem Unternehmen ein gutes
Image zu verschaffen, sowohl dem Stammpersonal als auch po-
tentiellen Bewerbern. Die Bindung des Personals an das Unternehmen ist Kundenbindung in einer besonderen Form.

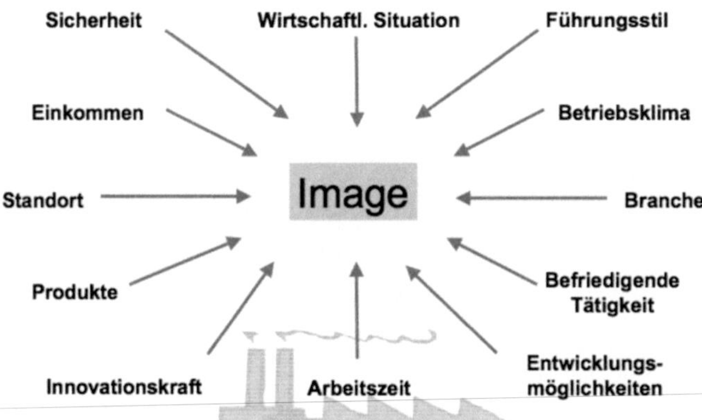

Abbildung 8-1: Ziel des Personalmarketings[70]

---

[70] Lehrstuhl und Institut für Arbeitswissenschaft, RWTH Aachen

8.2. Anforderungsprofil

In zahlreichen Stellenanzeigen für Arbeitsplätze in der Telemarketing-Branche findet man den gleichen Wortlaut. Für die Phama-Zieh GmbH könnten die Voraussetzungen wie folgt aussehen:

- Erfahrung im Telemarketing (Outbound)
- Branchenspezifisches Hintergrundwissen von Vorteil
- Technisches Interesse
- Kontaktfreudig am Telefon
- Zuverlässigkeit und Teamfähigkeit
- Umgang mit MS-Office und SAP.

Dies sind zwar alles wünschenswerte Voraussetzungen. Aber ein Faktor wird hier vernachlässigt, der alles entscheidend sein kann: Die Telefonstimme des Kandidaten. Diese lässt sich beim Personalauswahlverfahren nur bewerten, wenn man die Stimme tatsächlich am Telefon hören kann.

„Wenn sich der Kandidat bei einem Vorstellungsgespräch präsentiert, kann man nicht unbedingt feststellen, ob er eine Verkäuferstimme hat. Denn es ist gut möglich, dass der Bewerber, wenn er von sich und seinem Lebenslauf erzählt, ganz bei sich ist und natürlich & authentisch auf Fragen antwortet - er muss ja in diesem Moment kein Produkt ‚verkaufen' - ist der Bewerber aber in einem Telefonat, kann sich schnell ein automatischer Schalter bei dieser Person betätigen und auf einmal klingt die Stimme unpersönlich und hat den klassischen Singsang in der Stimme, mit der wir eine Verkäuferstimme assoziieren - ein Tipp daher: Wenn es möglich ist, den Bewerber 2 bis 3 Probeanrufe - diese können auch gestellt sein - tätigen lassen und diese mitanhören.

Wenn jemand zu solch einer Stimme neigt, sollte man die Person darauf ansprechen. Nicht jeder ist sich dessen bewusst und möchte vielleicht gar nicht so rüberkommen."[71]

8.3. Personalrekrutierung

Um geeignetes Personal zu finden, muss ein Unternehmen auf sich aufmerksam machen. Personalrekrutierung ist eine Vertriebs-Aufgabe. Man muss quasi das Unternehmen verkaufen. Die Mitarbeiter kommen nur selten von alleine auf ein Unternehmen zu. Es können verschiedene Plattformen eingesetzt werden, um Mitarbeiter zu gewinnen:

- Anzeige in Printmedien
- E-Rekrutierung
- Homepage
- Job-Börsen
- Headhunter und Personalberater
- Bewerbermessen.

Die Wahl des richtigen Weges ist auch eine finanzielle Frage. Es kommt ebenfalls darauf an, wie viele Mitarbeiter man einstellen will und wie deren „Lebenserfahrung" sein soll.

Je mehr Bewerber zur Disposition stehen, desto wichtiger ist es, einen direkten Vergleich zu haben. Dies ist aber nicht der einzige Grund, warum in der Telemarketing-Branche fast ausschließlich Assessment-Center zum Einsatz kommen. In einem Vorstellungsgespräch kann sich der Kandidat noch für ca. zwei Stunden verstellen. In der Konkurrenzsituation mit anspruchs-

---

[71] Interview mit Constance Klemenz, Schauspielerin, Moderatorin, Stimm- und Sprachtrainerin

vollen Aufgaben, gelingt dies nur bedingt. Ein Assessment-Center dauert in der Regel mindestens einen Tag.

Die in Kapitel 8.2 angesprochene Telefonsimulation kann in dieser Situation mit eingebaut werden. Der Einsatz eines Assessment-Centers ist für die Phama-Zieh GmbH bisher unbekannt. Alleine schon die Vorbereitung eines solchen bildet ein neues Projekt.

Allerdings würde die Mehrzahl der Kandidaten en Einzelinterview als Auswahlverfahren bevorzugen:

Abbildung 8-2: Auswahlverfahren nach Beliebtheit[72]

---

[72] Ergebnisgrafik meiner Umfrage aus „www.lamapoll.de"

Praxistipp 8:

Ihr Personal – das wichtigste Kapital, das sie haben. Hegen und pflegen Sie es. Fordern und fördern Sie Ihre Mitarbeiter. Denken Sie immer daran, wie viel Zeit und Geld Sie schon alleine in die Rekrutierung des Mitarbeiters investiert haben. Die Einarbeitungsphase verschlingt nochmals bares Geld. Wenn Sie nun einen Mitarbeiter dazu bringen, Ihr Unternehmen zu verlassen, ist nicht nur diese Investition verloren, sondern auch sein Know-how. Je nach dem Beliebtheitsgrad unter seinen Kollegen wird außerdem eine menschliche Lücke gerissen, die nicht selten ein mentales Tief bei der Belegschaft hervorruft.

Nutzen Sie die Probezeit, um sich ein Bild von dem Mitarbeiter zu machen, und warten Sie - im Falle einer geplanten Freisetzung – nicht bis zum Ende ab. Sobald feststeht, dass der neue Kollege nicht das ist, was Sie sich versprochen haben, sollten Sie konsequent sein und die Qual für beide Seiten beenden.

Achten Sie darauf, dass Ihr Personalauswahlverfahren nicht „overdressed" ist. Ein Assessment-Center ist für eine Hilfskraft ebenso wenig angebracht wie ein Einzelinterview für eine Führungskraft der oberen Hierarchie.

Notizen zum Kapitel:

9. Für die Praxis

9.1. Zehn Tipps für erfolgreiches Telemarketing[73]

Tipp 1: Stellen Sie sich vollständig unter Angabe von Vor- und Nachname vor. Nennen Sie ebenfalls den Namen des Unternehmens. Sprechen Sie langsam und deutlich. Sprechen Sie Ihren Gesprächspartner als Erster mit seinem Namen an – das schafft Nähe. Und denken Sie immer daran: Die Sonne scheint durchs Telefon. Wenn Sie eine freundliche, entspannte Grundatmosphäre schaffen, überträgt sich das auf Ihren Gesprächspartner.

Tipp 2: Machen Sie sich während des Telefonmarketings handschriftliche Notizen. Das garantiert Ihnen, dass Sie wichtige Informationen - Namen, Zahlen, Fakten - während des Gesprächs nicht vergessen. Vor allem aber muss es leise sein. Nichts schreckt angerufene Personen mehr ab als das Klappern von Tasten, mit denen Sie die Fakten gleich in den PC eingeben. Das wirkt kühl und rational.

Tipp 3: Gehen Sie individuell auf Ihren Kunden ein: Sie entwickeln Gespür. Rufen Sie zur passenden Zeit an oder steht Ihr Kunde unter Druck? Ist ein Small Talk als Auftakt das Beste oder sollten Sie gleich zur Sache kommen? Wichtig vor allem: Setzen Sie Ihren Kunden nie unter Druck!

Tipp 4: Argumentieren Sie mit dem Nutzen, nicht mit dem Problem: Ihr Kunde muss den Mehrwert einer Leistung erkennen können. Im Telefonmarketing geht es nicht darum, ihm zu erklären, was alles schlecht ist. Stellen Sie also Argumente wie

---

[73] Vgl.: Marketingfish.de vom 15.08.2011

Umsatzsteigerung, Komfort, Sicherheit und Freude in den Vordergrund Ihrer Argumentation.

Tipp 5: Bereiten Sie vor dem Telefonmarketing alle Leistungsparameter auf. Ihr Kunde darf zu Recht erwarten, dass Sie umfassend informiert sind. Vermeiden Sie deshalb unbedingt, dass Sie auf wesentliche Fragen keine Antworten geben können.

Tipp 6: Bestimmen Sie den Verlauf des Gesprächs. Signalisieren Sie Ihrem Kunden klar, was Ihr Anliegen ist. Da Sie auch auf Endlos-Redner treffen werden, können Sie durch solche Signale die Gesprächsführung wieder übernehmen. Fassen Sie das Gespräch bzw. den Abschnitt noch einmal zusammen. Versuchen Sie, offene Fragen zu vermeiden.

Tipp 7: Setzen Sie gezielt Lob ein: Immer wieder treffen Sie auf Kunden, die alles wissen, alles haben und mit nichts zufrieden sind. Lassen Sie solche Einwände nicht unberücksichtigt. Ohne den Kunden zurechtzuweisen, können Sie ihm zeigen, dass Sie für seine Hinweise dankbar sind. Schließlich ist jede Kritik auch eine Chance. Wenn Sie loben, wird sich das im Telefonmarketing positiv auswirken.

Tipp 8: Bieten Sie Ihrem Kunden weitergehende Informationen an. Nicht jeder Kunde möchte sich sofort entscheiden. Stellen Sie dem Kunden deshalb auch eine weitergehende Beratung in Aussicht: Sie können Informationsmaterial übersenden, auf Ihre Firmenwebsite verweisen oder ein Folgegespräch vereinbaren.

Tipp 9: Stellen Sie Preisverhandlungen an das Ende des Telefonmarketings: Ein Kunde ist nur bereit für ein Geschäft, wenn er vom Nutzen überzeugt ist. Investieren Sie also vor allem in die Argumentation für den Nutzen. Und stellen Sie den Preis zurück.

Tipp 10: Vor allem aber geben Sie Ihrem Kunden am Ende das Gefühl, dass er sich durchgesetzt hat. Schließen Sie ein Gespräch förmlich ab. Der verbindliche Abschluss gibt einem Gespräch den freundlichen Rahmen. Brechen Sie das Gespräch nicht einfach ab. Bedanken Sie sich für die Informationen, die Auskünfte oder die geschenkte Zeit.

9.2. Verkaufen an der Strippe

Oder: Telefonmarketing mit Erfolg[74]

Der erste Eindruck zählt
Egal welchen Weg Sie wählen: Der erste Eindruck ist entscheidend. Und der hängt mehr von der Stimme ab als vom Gesagten. Schaffen Sie es also, auf Anhieb Vertrauen zu gewinnen! Dazu gehört eine geräuscharme Atmosphäre, keine Geräuschkulisse wie aus der Bahnhofshalle.

Achten Sie zudem darauf, dass Ihre Mitarbeiter ein einwandfreies Deutsch, am besten akzentfrei, sprechen. Ein freundliches Auftreten, Variieren der Stimmlage und Wechsel zwischen laut und leise, zwischen Ruhe und Lebendigkeit sind wichtig. Demonstrieren Sie Selbstsicherheit und setzen Sie Pausen bewusst ein: Lernen Sie zuzuhören.

---

[74] Vgl.: Marketingfish.de vom 04.07.2011

Jeden Anruf gründlich vorbereiten

Gerade bei der Kaltakquise gilt es jetzt, den potenziellen Kunden zu überzeugen. Dazu brauchen Sie eine Strategie. Zudem werden Sie häufig nicht sofort den richtigen Ansprechpartner an der Strippe haben. Beim B2B-Marketing müssen Sie oftmals die Sekretärin als Hürde vor dem Ansprechpartner überwinden. Nichts ist schädlicher, als wenn Sie während Ihrer Telefonmarketingaktion Fragen nicht beantworten können – seien es die zu Ihrer eigenen Firma oder die zum Angebot.

Fertigen Sie sich eine Übersicht mit den Daten Ihrer Firma: dem Angebot, dem Firmennetz, den Kontakt- und Servicemöglichkeiten. Nennen Sie Referenzen nur ausgewählt und auf Nachfrage! Investieren Sie viel Zeit in die Vorstellung Ihres Produkts, der Vorzüge und Funktionsweise, des Alleinstellungsmerkmals, des Service. Demonstrieren Sie Transparenz – der Kunde hat einen Anspruch darauf, dass seine Fragen beantwortet werden.

Wichtige Angaben notieren

Nach dem Telefonat sollten Sie in einem Firmenbogen die Essentials notieren: im Falle eines B2B-Telefonats zum Beispiel von der Firmenadresse über den kontaktierten Ansprechpartner bis hin zur Preisvorstellung. Während des Telefonats könnte das Tippen der Tasten den Gesprächspartner irritieren. Seien Sie deshalb diskret! Und vor allem: Erfassen Sie die Daten gleich, nachdem Sie den Hörer auf- oder das Headset abgelegt haben. Sonst gehen wichtige Details im hektischen Tagesgeschäft verloren.

Nachfassen bringt Erfolg im Telefonmarketing

Oftmals endet ein Telefongespräch nicht mit einer deutlichen Entscheidung des Kunden. Er wünscht weitere Informationen in Form von Broschüren oder E-Mails. Stellen Sie diese zur Verfügung. Oder vereinbaren Sie eine Präsentation bei einem persönlichen Treffen. Alternativ: Fassen Sie nach. Kündigen Sie Ihrem unentschlossenen Gesprächspartner an, dass Sie sich noch einmal melden. Und selbst, wenn er mit „Nein" antwortet, muss das keine Entscheidung fürs Leben sein. Fassen Sie einige Zeit später trotzdem nochmals nach. Denn Rahmenbedingungen ändern sich. In ein paar Wochen oder Monaten kann der Bedarf Ihres Kunden bereits ein anderer sein.

Kommunikationsanlässe schaffen

Machen Sie sich vor jedem Telefonanruf klar, warum Sie anrufen – und warum gerade jetzt. Nichts ist schlimmer als der Satz „Ich wollte mich mal wieder melden". Machen Sie dem Kunden deutlich, dass ein berechtigtes Interesse an Ihrem Telefonat besteht: ein neues Angebot, eine Vertragsverlängerung, die öffentliche Ankündigung des Kunden zur Erweiterung seines Portfolios.

Beachten Sie dabei unbedingt die Unterschiede bei der Ansprache von Neukunden und Bestandskunden. Beim Neukunden müssen Sie zunächst Vertrauen schaffen. Beim Bestandskunden können Sie darauf aufbauen und weitergehende Angebote unterbreiten.

Rechtlichen Rahmen beachten

In jüngster Vergangenheit hat die Zahl von Beschwerden bei der Bundesnetzagentur wegen unseriöser Telefonmarketingaktionen deutlich zugenommen. Um sich gegen schwarze Schafe in der Branche abzugrenzen, beachten Sie: Das Telefonmarketing ist in §7 des Gesetzes gegen den Unlauteren Wettbewerb (UWG) geregelt. Darin findet sich ein abgestuftes System an Einwilligungen. Gegenüber Gewerbetreibenden muss eine „mutmaßliche Einwilligung" vorliegen. Diese kann der Anrufer dann vermuten, wenn er ein besonders attraktives Angebot unterbreitet, das zum Geschäftsbereich des Gewerbetreibenden passt.

Bei Verbrauchern ist laut Telefonwerbegesetz die „vorherige ausdrückliche Einwilligung" einzuholen. Das lässt sich in der Praxis natürlich nur schwer realisieren. Und die Rechtsprechung in Bezug auf Werbetelefonate ist sehr rigide. Sie betrifft nicht nur die Ansprache von Neukunden, sondern auch die Pflege von Bestandskunden. Also: Seien Sie besonders korrekt und weisen Sie die Gesprächspartner auf den Grund Ihres Anrufs hin. Übrigens: Auch die Rufnummernanzeige gehört dazu: Telefonmarketing mit unterdrückter Rufnummer ist unzulässig.

Checkliste:
1. Bereiten Sie Ihren Anruf vor: Halten Sie Informationen über Ihr Unternehmen, Ihre anzubietende Leistung und über Ihren Kunden verfügbar.

2. Schaffen Sie einen Kommunikationsanlass! Ihr Kunde muss plausibel nachvollziehen können, warum Sie anrufen. Neukunden müssen Sie anders ansprechen als Bestandskunden!

3. Nehmen Sie sich für einen Anruf Zeit. Eine ungestörte Atmosphäre, ein selbstsicheres, sympathisches Auftreten sind wesentlich. Der erste Eindruck zählt.

4. Notieren Sie die wichtigen Details Ihres Telefonkontakts. Wenn Sie das während des Gesprächs tun, tun Sie es diskret.

5. Fassen Sie nach: Vereinbaren Sie mit dem Kunden weitere Gespräche oder konkrete Termine. Stellen Sie ihm weiter führende Informationen zur Verfügung.

6. Beachten Sie den rechtlichen Rahmen des Telefonmarketings! Dann sind Sie auf der sicheren Seite, und der Erfolg stellt sich ein.

Bevor Sie Ihren Arbeitstag am Telefon beginnen – legen Sie sich diese Listen vor. Sie können diese dann systematisch abarbeiten. Und: Seien Sie offen gegenüber Ihren Gesprächspartnern, höflich, aber auch zielstrebig. Denn Ihr Telefonmarketing verfolgt ja schließlich ein Ziel.

9.3. Der kleine Telefonknigge für den Angerufenen[75]

Jeder kommt einmal in die Situation, selbst im Rahmen von Outbound-Aktionen angerufen zu werden. Oft hört man aus dem eigenen Bekanntenkreis, dass man in diesem Fall kommentarlos auflegt. Sie berauben damit den Menschen, der sie anruft, der Möglichkeit, seine Arbeit zu verrichten und somit sein Geld zu verdienen. Bitte bleiben Sie fair und schenken Sie dem Anrufer Wertschätzung:

- Hören Sie zunächst genau zu, der Anrufer erzählt Ihnen alles, weshalb er Sie anruft.

- Grüßen Sie mit der passenden Tageszeit zurück, denn am anderen Ende sitzt ein menschliches Wesen, das sich über einen Gruß freut.

- Nachdem Sie nun wissen, was der Anrufer von Ihnen will, entscheiden Sie ehrlich, aber höflich, ob Sie mit ihm weiter sprechen möchten. Wenn Sie keine Zeit haben, sagen Sie es. Der Anrufer sieht nicht, ob er Sie gerade

---

[75] Vgl.: http://suite101.de/article/call-center-agent-beruf-mit-hoehen-und-tiefen-a58850

stört. Und kein seriöser Agent möchte Sie ernsthaft beim Kochen, bei der Gartenarbeit, im Supermarkt oder gar beim Sex (alles schon vorgekommen, fragt sich nur, weshalb jemand in dieser Situation überhaupt ans Telefon geht) stören.

- Vereinbaren Sie nur einen Rückruf, wenn Sie ihn auch wirklich einhalten möchten. Für viele ist das Vertrösten auf einen späteren Zeitpunkt lediglich eine Ausrede, um aus dem jetzigen Gespräch herauszukommen. Der Agent wird es sonst zum vereinbarten Zeitpunkt erneut versuchen. Besser, Sie sagen ehrlich, wenn Sie an einem Gespräch kein Interesse haben. Dann werden Sie in dieser Sache von einem seriösen Anrufer auch nicht nochmals kontaktiert.

- Lassen Sie sich danken. Nichts liegt einem guten Agenten mehr am Herzen als Ihnen für ein freundliches Gespräch zu danken. Er hat die Möglichkeit, ein paar kurze, menschliche Worte über den Kern der Sache hinausgehend anzubringen. Und das tut er auch gerne. Sie spüren, wenn jemand ehrlich mit Ihnen spricht. Brechen Sie das Gespräch nicht sofort ab, wenn das Zufriedenheits-Feedback gegeben wurde, die Handyvertragsmodalitäten geklärt sind oder was auch immer erledigt ist. Hören Sie sich die kurzen persönlichen Worte noch an, sie kommen von Herzen.

- Bleiben Sie gelassen. Agenten werden darauf geschult, Verständnis dafür zu entwickeln, wenn Telefonkunden schwierig oder gereizt sind. Als Anrufer oder Hotline-Agent weiß man eben nicht, ob der Kunde einen schwierigen Tag oder eine stressige Situation erlebt hat, die ihn so gereizt sein lässt. Bleiben Sie auch umgekehrt gelassen, wenn Ihnen ein Agent etwas gereizt erscheint. Auch Sie wissen nicht, ob gerade jemand in seiner Familie verstorben ist, ob er Ärger mit dem Vorgesetzten hat oder einfach nur im vorhergehenden Gespräch furchtbar beschimpft und beleidigt wurde. Menschen können – auch wenn sie es sich vornehmen – nicht alles problemlos abschütteln. Und auch Agenten sind nur Menschen.

9.4. Wie es in den Wald hineinruft...[76]

Am einfachsten funktioniert das telefonische Miteinander, wenn man sich an dem alten Prinzip "Wie es in den Wald hineinruft, so schallt es zurück" orientiert. Nur leider machen Callcenter-Agenten nicht immer die Erfahrung, dass es so ist. Sie grüßen höflich, fragen freundlich nach und ernten doch nur oftmals Unverständnis, Ruppigkeit und Grobheiten. Sie sind in häufigen Fällen die Frustabladeplätze der Nation. Sie werden beleidigt, angeschrien, mit Trillerpfeifen ohne Vorwarnung im Gehör verletzt, ausgelacht, zynisch abgekanzelt und vieles mehr.

Der Alltag im Callcenter ist nicht immer einfach, was aber nicht ausschließlich an den so oft angeprangerten schlechten Arbeitsbedingungen liegt. Es gibt auch gute Häuser mit hervorragend klimatisierten Räumen, mit Schallschutzmaßnahmen, mit einer flexiblen Pausenregelung und mit festem Stundenlohn. Trotzdem ist der Job nicht immer einfach. Wer ihn macht, und wer ihn dazu noch gerne macht, der ist ein eingefleischter Idealist mit großer Liebe zum Beruf. Und nicht zuletzt gibt es ja auch viele schöne Gespräche, die einfach nur nett und konstruktiv verlaufen und beide Seiten völlig zufriedenstellen. Das entschädigt Deutschlands Agenten für vieles andere. Auch in der Telefonie außerhalb eines Callcenters bieten sich übrigens gute Umgangsformen am Telefon an, denn sie erleichtern das Miteinander und ebnen den Weg in berufliche Karrieren.

---

[76] Vgl.: http://suite101.de

Notizen zum Kapitel:

10. Schlussbetrachtung

Durch die Penetration von Telefon und Internet wurde Telemarketing erst möglich. Das Image dieser neu entstandenen Branche hat in den letzten Jahren gelitten. Dadurch verbinden viele Kunden die Werbeanrufe mit „Kaufdruck" und „schlechten Erfahrungen". Es ist somit schwer, das Vertrauen der Kunden für diese Maßnahme zu gewinnen. Zur Analyse der Situation und der zukünftigen Aktionen werden Methoden der primären- und sekundären Marktforschung angewandt.

Telemarketing definiert sich über zwei Arten des Kundenkontaktes, zum einen über das Telefon, zum anderen über das Internet. Was von beidem zum Einsatz kommt, ist stark branchenabhängig. Bei dieser Entscheidung müssen mehrere Faktoren beachtet werden: Wer sind meine Kunden? Wie alt sind diese? Wie sieht die geschlechtliche Verteilung aus?

Im B2C-Bereich gelten andere gesetzliche Rahmenbedingungen als auf dem B2B-Sektor. Anhand des Kundenalters sind Rückschlüsse auf das Online-Verhalten zu ziehen. Frauen treffen Kaufentscheidungen anders als Männer dies tun. Alle gewonnenen Informationen müssen in die Management-Entscheidung einfließen!

Es wird deutlich, dass die Kunden über Telemarketing unterschiedlich behandelt werden müssen. Aber nicht nur diese beschriebenen Attribute sind zu beachten. Telemarketing ist segmentabhängig. Spätestens jetzt wird deutlich, dass die Einführung alles andere als trivial ist. Einige Unternehmen haben bereits eine Segmentierung vorgenommen, andere wiederum nicht. Beides hat Vor- und Nachteile. Wurde noch nicht segmentiert, hat das Unternehmen einen immensen Aufwand, um dies zu tun. Allerdings kann diese Kundeneinteilung auf Telemarketing zugeschnitten werden. Eine bereits vorhandene Segmentierung ist nicht immer flexibel und schränkt so die Aktivität ein.

Wie auch immer die Situation ist: Die Pflege der Kundenbeziehung wird über ein entsprechendes Management organisiert. CRM muss alle relevanten Kundendaten und -aktivitäten beinhalten. So ist eine gezielte Steuerung der Telemarketing-Aktivitäten über die Segmente gewährleistet. Dabei muss genau definiert sein, welche Kundengruppen in erster Linie über Telemarketing angesprochen werden. Auch die Ausnahmen sind zu definieren. Je nach Maßnahme oder Produktportfolio muss aber auch hier eine gewisse Flexibilität erlaubt sein. Die Einsatzmöglichkeiten sind vielfältig und sie reichen vom Willkommensanruf bis hin zu *Retention*-Maßnahmen[77].

Der Einsatz von Telemarketing kann die Kundenbeziehung sowohl positiv als auch negativ beeinflussen. Hier ist es wichtig, alle Risiken und Schwächen abzubauen. Die Stärken werden so forciert und die Chancen, die sich bieten, genutzt.

Ein sehr wichtiger Aspekt ist die Berücksichtigung der Kulturunterschiede zwischen den Kunden. Neben deutschen Ärzten praktizieren auch viele mit Migrationshintergrund. Hier ist kulturelle Kompetenz gefragt, sonst kann die Kundenbeziehung aus purer Unwissenheit dauerhaft Schaden nehmen.

Alles entscheidend ist jedoch die Wahl der richtigen Mitarbeiter. Diese müssen nicht nur rekrutiert, sondern auch dauerhaft an das Unternehmen gebunden werden.

Alle hier aufgeführten Aspekte bringen zusammen genommen den Telemarketing-Erfolg für die Phama-Zieh GmbH, meinen Arbeitgeber.

---

[77] Kundenrückgewinnung

Wir benötigen die integrierte Kundenorientierung:

Abbildung 10-1: Integrierte Kundenorientierung[78]

---

[78] nach Bruhn, 2002, S. 31, aus Künzel, 2005, S. 198

11. Anhang

11.1. Anruferfassung

	Praxis		Labor	
	weiblich	männlich	weiblich	männlich
Anrufe	182	90	109	245
Summe	272		354	
Anteil	66,91%	33,09%	30,79%	69,21%

	weiblich	männlich
Summe total	291	335
Anteil	46,49%	53,51%

Gesamt-
summe: 626

Zeitraum: 04.09.2012 bis 07.09.2

Abbildung 11-1: Anruferfassung Phama-Zieh GmbH
© Detlef Bonner

11.2.   Kulturindex

ctr	country	pdi	idv	mas	uai	ltowvs	ivr
AFE	Africa East	64	27	41	52	32	40
AFW	Africa West	77	20	46	54	9	78
ALB	Albania	k.A	k.A	k.A	k.A	61	15
ALG	Algeria	k.A	k.A	k.A	k.A	26	32
AND	Andorra	k.A	k.A	k.A	k.A	k.A	65
ARA	Arab countries	80	38	53	68	23	34
ARG	Argentina	49	46	56	86	20	62
ARM	Armenia	k.A	k.A	k.A	k.A	61	k.A
AUL	Australia	36	90	61	51	21	71
AUT	Austria	11	55	79	70	60	63
AZE	Azerbaijan	k.A	k.A	k.A	k.A	61	22
BAN	Bangladesh	80	20	55	60	47	20
BLR	Belarus	k.A	k.A	k.A	k.A	81	15
BEL	Belgium	65	75	54	94	82	57
BEF	Belgium French	67	72	60	93	k.A	k.A
BEN	Belgium Netherl	61	78	43	97	k.A	k.A
BOS	Bosnia	k.A	k.A	k.A	k.A	70	44
BRA	Brazil	69	38	49	76	44	59
BUL	Bulgaria	70	30	40	85	69	16
BUF	Burkina Faso	k.A	k.A	k.A	k.A	27	18
CAN	Canada	39	80	52	48	36	68
CAF	Canada French	54	73	45	60	k.A	k.A
CHL	Chile	63	23	28	86	31	68
CHI	China	80	20	66	30	87	24
COL	Colombia	67	13	64	80	13	83
COS	Costa Rica	35	15	21	86	k.A	k.A
CRO	Croatia	73	33	40	80	58	33
CYP	Cyprus	k.A	k.A	k.A	k.A	k.A	70
CZE	Czech Rep	57	58	57	74	70	29

ctr	country	pdi	idv	mas	uai	ltowvs	ivr
DEN	Denmark	18	74	16	23	35	70
DOM	Dominican Rep	k.A	k.A	k.A	k.A	13	54
ECA	Ecuador	78	8	63	67	k.A	k.A
EGY	Egypt	k.A	k.A	k.A	k.A	7	4
SAL	El Salvador	66	19	40	94	20	89
EST	Estonia	40	60	30	60	82	16
FIN	Finland	33	63	26	59	38	57
FRA	France	68	71	43	86	63	48
GEO	Georgia	k.A	k.A	k.A	k.A	38	32
GER	Germany	35	67	66	65	83	40
GEE	Germany East	k.A	k.A	k.A	k.A	78	34
GHA	Ghana	k.A	k.A	k.A	k.A	4	72
GBR	Great Britain	35	89	66	35	51	69
GRE	Greece	60	35	57	112	45	50
GUA	Guatemala	95	6	37	101	k.A	k.A
HOK	Hong Kong	68	25	57	29	61	17
HUN	Hungary	46	80	88	82	58	31
ICE	Iceland	k.A	k.A	k.A	k.A	28	67
IND	India	77	48	56	40	51	26
IDO	Indonesia	78	14	46	48	62	38
IRA	Iran	58	41	43	59	14	40
IRQ	Iraq	k.A	k.A	k.A	k.A	25	17
IRE	Ireland	28	70	68	35	24	65
ISR	Israel	13	54	47	81	38	k.A
ITA	Italy	50	76	70	75	61	30
JAM	Jamaica	45	39	68	13	k.A	k.A
JPN	Japan	54	46	95	92	88	42
JOR	Jordan	k.A	k.A	k.A	k.A	16	43
KOR	Korea South	60	18	39	85	100	29

ctr	country	pdi	idv	mas	uai	ltowvs	ivr
KYR	Kyrgyz Rep	k.A	k.A	k.A	k.A	66	39
LAT	Latvia	44	70	9	63	69	13
LIT	Lithuania	42	60	19	65	82	16
LUX	Luxembourg	40	60	50	70	64	56
MAC	Macedonia Rep	k.A	k.A	k.A	k.A	62	35
MAL	Malaysia	104	26	50	36	41	57
MLI	Mali	k.A	k.A	k.A	k.A	20	43
MLT	Malta	56	59	47	96	47	66
MEX	Mexico	81	30	69	82	24	97
MOL	Moldova	k.A	k.A	k.A	k.A	71	19
MNG	Montenegro	k.A	k.A	k.A	k.A	75	20
MOR	Morocco	70	46	53	68	14	25
NET	Netherlands	38	80	14	53	67	68
NZL	New Zealand	22	79	58	49	33	75
NIG	Nigeria	k.A	k.A	k.A	k.A	13	84
NOR	Norway	31	69	8	50	35	55
PAK	Pakistan	55	14	50	70	50	0
PAN	Panama	95	11	44	86	k.A	k.A
PER	Peru	64	16	42	87	25	46
PHI	Philippines	94	32	64	44	27	42
POL	Poland	68	60	64	93	38	29
POR	Portugal	63	27	31	104	28	33
PUE	Puerto Rico	k.A	k.A	k.A	k.A	0	90
ROM	Romania	90	30	42	90	52	20
RUS	Russia	93	39	36	95	81	20
RWA	Rwanda	k.A	k.A	k.A	k.A	18	37
SAU	Saudi Arabia	k.A	k.A	k.A	k.A	36	52
SER	Serbia	86	25	43	92	52	28
SIN	Singapore	74	20	48	8	72	46

ctr	country	pdi	idv	mas	uai	ltowvs	ivr
SLK	Slovak Rep	104	52	110	51	77	28
SLV	Slovenia	71	27	19	88	49	48
SAF	South Africa	k.A	k.A	k.A	k.A	34	63
SAW	South Africa white	49	65	83	49	k.A	k.A
SPA	Spain	57	51	42	86	48	44
SUR	Suriname	85	47	37	92	k.A	k.A
SWE	Sweden	31	71	5	29	53	78
SWI	Switzerland	34	68	70	58	74	66
SWF	Switzerland French	70	64	58	70	k.A	k.A
SWG	Switzerland German	26	69	72	56	k.A	k.A
TAI	Taiwan	58	17	45	69	93	49
TAN	Tanzania	k.A	k.A	k.A	k.A	34	38
THA	Thailand	64	20	34	64	32	45
TRI	Trinidad and Tobago	47	16	58	55	13	80
TUR	Turkey	66	37	45	85	46	49
USA	U.S.A.	40	91	62	46	26	68
UGA	Uganda	k.A	k.A	k.A	k.A	24	52
UKR	Ukraine	k.A	k.A	k.A	k.A	86	14
URU	Uruguay	61	36	38	100	26	53
VEN	Venezuela	81	12	73	76	16	100
VIE	Vietnam	70	20	40	30	57	35
ZAM	Zambia	k.A	k.A	k.A	k.A	30	42
ZIM	Zimbabwe	k.A	k.A	k.A	k.A	15	28

Abbildung 11-2: Kulturindex nach Prof. Dr. Geert Hofstede[79]

---

[79] http://www.geerthofstede.eu

12. Abkürzungen

Az	Aktenzeichen
B2B	Business to Business
B2C	Business to Customer
BGBl	Bundesgesetzblatt
BGH	Bundesgerichtshof
CRM	Customer Relationship Management
CTR	Click-Through-Rate
ctr	Country
E-Business	Electronic Business
E-Rekrutierung	Rekrutierung über elektronische Medien
GfK	Gesellschaft für Konsumforschung
ID	Innendienst
IDV (idv)	Individualism
KAM	Key-Account-Management
LTO (ltowvs)	Long-Term Orientation
MAS (mas)	Masculinity
n	Anzahl Rückläufer
OLG	Oberlandesgericht
PDI (pdi)	Power Distance
POS	Point of Sale
Q_2/2012	Zweites Quartal im Jahr 2012
RA	Rechtsanwalt
ROI	Return of Invest
SAP	Warenwirtschafts-Software
SO-Strategie	Strength/ Opportunities Strategie
ST- Strategie	Strength/Threats Strategie
SWOT	Strength – Weakness – Opportunities – Threats
UAI (uai)	Uncertainty Avoidance
UWG	Gesetz gegen den unlauteren Wettbewerb

SM	Sales-Manager
WO- Strategie	Weakness/ Opportunities Strategie
WT- Strategie	Weakness/ Threats Strategie
www	World Wide Web
x	einstellige Zahl
xx	zweistellige Zahl

13. Abbildungsverzeichnis

14. Quellenverzeichnis:

Zum Nachlesen und Vertiefen

<u>Literatur:</u>

Fischer C. (2010) telefonsales, *Gabel Verlags GmbH*, S. 22

Friedrich K. (2004) Empfehlungsmarketing – Neukunden gewinnen zum Nulltarif, *Gabal*, S. 68

Geffroy K. G. (2005) Das Einzige, was stört, ist der Kunde – Clienting ersetzt Marketing, *Redline Wirtschaft*, S. 53

Hollensen S. (2010) Marketing Management – A Relationship Approach, Second Edition, *Financail Times Prentice Hall*, S. 372; S. 596-7

Holzapfel F. u. K (2010) facebook – marketing unter freunden, *Business Village*, S. 12

Jaffé D. (2005) Der Kunde ist weiblich – Was Frauen wünschen und wie sie bekommen, was sie wollen, *Econ*, S. 103

Jenner T. (2003) Marketing-Planung, *kohlhammer*, S. 71; S. 199

Kollmann T. (2007) Online Marketing – Grundlagen der Absatzpolitik in der Net Economy, *Kohhammer*, S. 13

Krum C. (2012) Mobile Marketing – Erreichen Sie Ihre Zielgruppe (fast) überall, *Addison-Wesley*, S. 22

Künzel H. (2005) Handbuch für Kundenzufriedenheit – Strategie und Umsetzung in der Praxis, *Springer*, S. 121f; S. 198

Maier K, Pützfeld K. (2002) Der E-Business-Spezialist – Planung und praktische Umsetzung von E-Business-Anwendungen, *Addison-Wesley*, S. 211ff

Schüller A.M. (2010) Kunden auf der Flucht – Wie Sie loyale Kunden gewinnen und halten, *orell füssli*, S.20

Schwarz M. u. Wulfestieg J. (2003) die Sehnsucht nach dem Meer wecken – Marketing-Basics für Praktiker, *Eichborn*

Statistisches Bundesamt Deutschland 24.4.2012, Pressemitteilung ,
Nr. 144

Statistischen Bundesamt Statistisches Jahrbuch 2011, Seite 93
Remy V. (2007) Wie man Aufträge angelt und mit Fischen spricht…, *Graco Verlag Berlin*, S. 25

Internet:

28.08.2012 **Anzahl der Internetnutzer**
http://www.zdnet.de/39201613/zahl-der-internetnutzer-
    weltweit-uebersteigt-milliardengrenze/

26.07.2012: **Definition „Marketing"**
http://wirtschaftslexikon.gabler.de/Definition/marketing.ht
ml

28.08.2012 **Durchschnittsalter Zahnärzte**
http://www.bzaek.de/wir-ueber-uns/daten-und-
zahlen/mitgliederstatistik/altersverteilung.html

28.08.2012 **Homepage von Geert Hofstede**
http://www.geert-hofstede.com
http://www.geerthofstede.eu

03.09.2012 **Kostenfaktor Mitarbeiter**
http://www.teialehrbuch.de/Kostenlose-
Kurse/Personalmangement/32331-Der-Mitarbeiter-Vom-
Kostenfaktor-zum-Erfolgsfaktor.html

20.08.2012 **Kundenbeziehungsmanagement**
http://www.kundenbindung-crm.de/seite-3.html

10.08.2012 **Kundensegmentierung**
http://www.businesswissen.de/handbuch/kundensegmenti
erung/vorgehensweise-bei-der-kundensegmentierung/

02.08.2012 **Limbic**
http://www.nymphenburg.de/limbic-map.html

30.08.2012 **Nutzung sozialer Netzwerke**
http://www.welt.de/newsticker/dpa_nt/infoline_nt/thema
_nt/article106332173/Jeder-zweite-Internetnutzer-in-Sozialen-
Netzwerken-unterwegs.html

15.07.2012 **Nutzung von Social Media**
http://de.statista.com/statistik/daten/studie/214159/umfra
ge/gruende-fuer-die-nutzung-von-social-media-durch-
unternehmen/

10.08.2012 **Pareto-Prinzig**
http://www.poeschel.net/zeit/pareto.php

03.09.2012 **Penetration Smart-Phones**
http://www.mobile-trends.net/statistiken/

27.08.2012 **Ruf der Call Center**
http://www.telemarketing-blog.de/allgemein/ist-der-ruf-erst-ruiniert/2011/01/12/

20.08.2012 **Segmentierung in der Telekommunikations-Industrie**
http://web.ebscohost.com/ehost/pdfviewer/pdfviewer?vid=5&hid=126&sid=fa44629b-090c-4403-a480-8deda936261c%40sessionmgr113

28.08.2012 **Theorien des Geert Hofstede**
http://www.transkulturelles-portal.com/index.php/5/52/522
http://www.transkulturelles-portal.com/index.php/5/52

03.07.2012 **Verwendung von Werbeformen**
http://de.statista.com/statistik/daten/studie/160476/tab/3/umfrage/verwendung-ausgewaehlter-werbeformen-in-unternehmen-in-deutschland-2003-bis-2009/

03.09.2012 **Ziel Personalmarketing**
http://www.iaw.rwth-aachen.de/download/lehre/vorlesungen/2006-ss-pmb/02_pm_ss2006.pdf

28.07.2012 **Telefonwerbung bei Gewerbetreibenden**
http://www.experto.de/b2b/recht/werberecht/werberecht-telefonwerbung-gegenueber-gewerbetreibenden.html

16.10.2012 **Zehn Tipps für erfolgreiches Telemarketing**
http://www.marketingfish.de/praxis/kundenakquise/zehn-tipps-fuer-erfolgreiches-telefonmarketing-5295/

08.11.2012 **Gehalt Telemarketing-Mitarbeiter**
http://www.gehaltsvergleich.com/gehalt/Call-Center-Agent-Call-Center-Agentin.html

08.11.2012 **Praxistipps**
www.Marketingfish.de;
http://suite101.de/article/call-center-agent-beruf-mit-hoehen-und-tiefen-a58850

13.11.2012 Headhunter-Urteil
http://www.telefonbau-schneider.de/news/
rechtliche_hinweise.html

<u>Sonstige Quellen:</u>

- EBSCO-Literatursuche

- Interview mit Constance Klemenz: Schauspielerin, Moderatorin, Stimm- und Sprachtrainerin

Index

www.tredition.de

Über tredition

Der tredition Verlag wurde 2006 in Hamburg gegründet. Seitdem hat tredition Hunderte von Büchern veröffentlicht. Autoren können in wenigen leichten Schritten print-Books, e-Books und audio-Books publizieren. Der Verlag hat das Ziel, die beste und fairste Veröffentlichungsmöglichkeit für Autoren zu bieten.

tredition wurde mit der Erkenntnis gegründet, dass nur etwa jedes 200. bei Verlagen eingereichte Manuskript veröffentlicht wird. Dabei hat jedes Buch seinen Markt, also seine Leser. tredition sorgt dafür, dass für jedes Buch die Leserschaft auch erreicht wird

Autoren können das einzigartige Literatur-Netzwerk von tredition nutzen. Hier bieten zahlreiche Literatur-Partner (das sind Lektoren, Übersetzer, Hörbuchsprecher und Illustratoren) ihre Dienstleistung an, um Manuskripte zu verbessern oder die Vielfalt zu erhöhen. Autoren vereinbaren unabhängig von tredition mit Literatur-Partnern die Konditionen ihrer Zusammenarbeit und können gemeinsam am Erfolg des Buches partizipieren.

Das gesamte Verlagsprogramm von tredition ist bei allen stationären Buchhandlungen und Online-Buchhändlern wie z. B. Amazon erhältlich. e-Books stehen bei den führenden Online-Portalen (z. B. iBook-Store von Apple) zum Verkauf.

Seit 2009 bietet tredition sein Verlagskonzept auch als sogenanntes "White-Label" an. Das bedeutet, dass andere Personen oder Institutionen risikofrei und unkompliziert selbst zum Herausgeber von Büchern und Buchreihen unter eigener Marke werden können.

Mittlerweile zählen zahlreiche renommierte Unternehmen, Zeitschriften-, Zeitungs- und Buchverlage, Universitäten, Forschungseinrichtungen, Unternehmensberatungen zu den Kunden von tredition. Unter www.tredition-corporate.de bietet tredition vielfältige weitere Verlagsleistungen speziell für Geschäftskunden an.

tredition wurde mit mehreren Innovationspreisen ausgezeichnet, u. a. Webfuture Award und Innovationspreis der Buch-Digitale.

tredition ist Mitglied im Börsenverein des Deutschen Buchhandels.